필승! 지방선거전략

당신도 지방정치인이 될수 있다.

김기옥 글
최병선 그림

법영사

머 리 말

우리는 지금 제5차 동시지방선거를 눈앞에 두고 너나없이 홍분하고 있다

지역주민들은 주민권(citizen power)의 확보와 신장에 대한 기대로 들뜨고, 정치권은 자기영역확보에 열을 올리고 있다.

그러나 우리는 이 시점에서 좀 더 냉정해질 필요가 있다.

지방자치단체의 장(場)을 또 다시 꾼들의 놀이터로 내주어서는 결코 안될 것이기 때문이다.

1995년 6월 제1차 동시지방선거가 실시된 이후 회차를 거듭할수록 지방정치의 장에서 '전문가'들은 점차 사라지고, 지방자치의 개념도 제대로 모르는 비전문가(素人群)들만 득실거리고 있는가 하면 정치권에서는 정당공천제라는 마수를 악용하여 '매관매직'이라는 굿판을 벌이고 있다. 통탄할 일이다.

지방자치는 지역주민들이 자기 지역의 살림살이를 자기들의 의사에 의하여 결정하고 집행하는 『자기결정성의 원칙』과 『자기책임성의 원칙』에 지배받게 된다.

따라서 지방선거는 주민들의 자기참여과정으로서 그 중요성이 강조된다.

지방자치에 대한 참여과정은 의사결정과 집행이 동시에 이루어진다는 점에서 국정에 대한 참여과정과는 구별되기 때문이다.

무릇 모든 선거에서 막상 선거전(選擧戰)에 돌입하고 보면 어디부터 손을 대고 무엇부터 해야 될지 망설이다가 짧은 기간을 모두 소비하게 되는 경우가 매우 많다.

단기결전의 과정을 누수없이 효율적으로 선거업무와 시간을 안배하는 데 있어서 고려하지 않으면 안되는 것이 두 가지가 있다.

그 하나는 선거에 관련된 법규(法規)를 숙지하는 일이고, 또 하나는 선거전략(選擧戰略)을 나름대로 세워 실전에 임하는 일이다.

지방선거에 임하는 분들에게 작은 도움이나마 드리고자 본서의 보완 발간을 서두른 것도 이에 부응하기 위해서이다.

본서는 1991년 출간하였던 「지방자치에 참여하는 길」에서 제Ⅱ편 "지방선거전략"만을 재편집하여 선거에 임하는 분들이 짧은 시간에 숙지하고 실전에 응용할 수 있도록 「만화식」으로 해설함과 동시에 이론적 체계를 정립하였으므로 각종 교육의 교재로서의 기능도 수행할 수 있을 것으로 본다.

물론 모든 선거에 있어서 王道는 없다. 지역마다의 여건이 다르고 유권자의 성향이 다르기 때문이다.

그러나 본서에 제시된 지방선거전략은 저자의 경험이 반영된 것이므로 이념을 정착시키려 나서는 분들에게 길잡이의 역할은 충분히 할 것으로 생각한다.

아무쪼록 지방선거에 관심을 가지시는 분들이 본서를 이용하여 뜻하는 바 목적을 달성하기를 기원하며, 이 나라의 지방자치의 '틀'을 짜는데 기여했던 저자의 입장에서는 이번이 동시지방선거를 통하여 정치개혁을 달성하고 아울러 정책결정과정에 주민의 의사가 누수없이 반영되는 지방정치의 장(場)이 열리기를 간절히 기대해 본다.

2009. 5. 1

까치소리가 들리는 연구실에서

金基玉 씀

차 례

제 2 장 지방선거의 당선전략

당선

제 I 편

법을 알아야 공명선거를 치를 수 있습니다.

-선거법 위반 77개 유형 수록-

법 영 사

1. 선거인·타후보자·
   선거사무장 등에 대한
   금품제공

2. 학교·공공기관·사회단체
   등에 대한 선거목적
   금품제공

3. 야유회·동창회·친목회·
   향우회·계모임 등에
   대한 금품제공

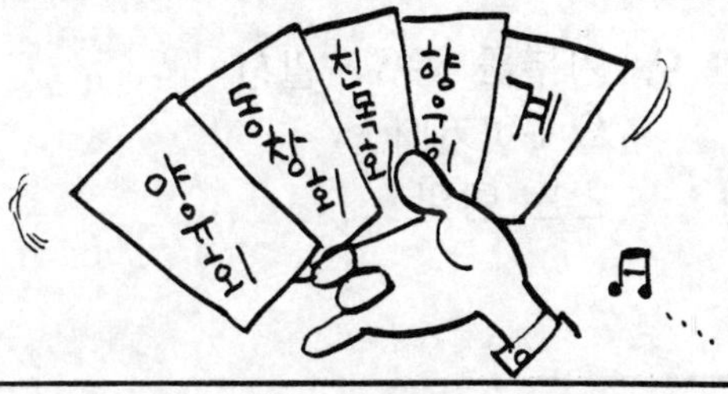

4. 선거인·선거사무장
   매수

5. 후보 불출마,
   사퇴목적 금품제공

6. 후보자 등으로부터
   금품제공 승낙

7. 선물 · 돈봉투 등
   금품운반

8. 후보(예상)자와
   배우자 · 가족 회사의
   금품제공

9. 기부를 권유 · 알선
   요구하거나
   받는 행위

10. 연설 · 방송 · 신문 등을
    통한 후보(예상)자,
    배우자 등 비방

11. 후보(예상)자에게 유리
    하도록 소속 · 신분 · 직업 ·
    재산 · 경력 등 허위사실
    공표

12. 후보(예상)자에게
    불리하도록
    허위사실 공표

13. 허위로 성명 · 명칭 · 신분 표시를 해 우편 · 전보 · 전화 등 통신행위

14. 법위반 선전벽보 작성 사용

15. 법위반 선거공보 작성 사용

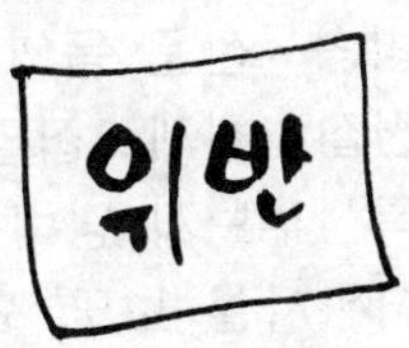

16. 법위반 소형인쇄물 작성 사용, 소형인쇄물 호별방문배부 · 게시 · 첨부살포 (호별투입은 허용) 행위

17. 미검인 현수막 게시

18. 화환 · 풍선 · 간판 · 현수막 · 애드벌룬 · 기구류 등 설치 · 진열 · 게시 · 배부 · 표찰 기타 표시물 착용배부. 후보(예상)자 상징 인형 · 마스코트 등 제작 · 판매

19. 선거운동 관련 광고·
인사장 인쇄물 등 배부·
첩부살포·게시

20. 선거에 관한 기사의
복사배부

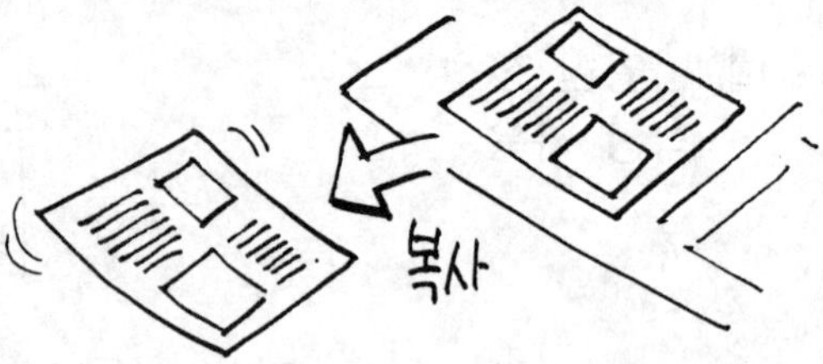

21. 방송·신문 등의 경영관리자나
편집·취재·집필·보도자가
특정후보자 당락목적으로
허위사실 보도, 왜곡보도

22. 자원봉사자 모집빙자
호별방문

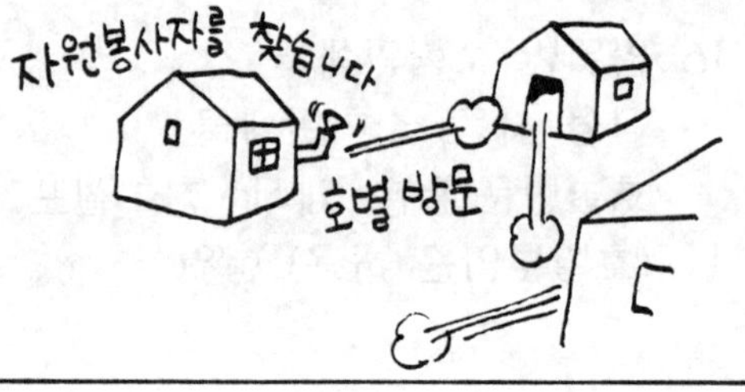

23. 자원봉사자 모집·집회 개최
특정후보자 지지유도

24. 자원봉사자에게
수당실비 기타
금품제공

25. 자원봉사자에게
별도의 사무실이나
활동장소 제공

26. 선거운동기간전
사조직 편성

27. 후보(예상)자가
설립운영하는 기관·단체·
시설의 선거에 영향을
미치는 행위

28. 선거추진위원회
후원회 등 기관·단체시설
설립·설치

29. 선거인 후보(예상)자
선거사무장 등 폭행·협박
유인·불법체포·감금

30. 집회연설
교통방해 등

31. 자기의 보호 · 지휘 · 감독하에
있는 자에게 특정정당후보자
지지 · 추천 · 반대 강요

32. 연설회장 등에서
위험물투척,
연설원 폭행

33. 연설회 주관자가
조명을 위하여 사용하는
경우를 제외한 횃불사용

34. 선거벽보 · 현수막 등의
작성 · 게시 · 첩부 ·
설치방해, 훼손 · 철거

35. 투표함 임의개봉,
투표함과 투표지
파괴 · 훼손 · 은닉 · 탈취

36. 선거위원 및
종사자 참관인에 대한
폭행 · 협박 · 유인 ·
불법체포 · 감금

37. 무기 · 흉기 · 폭발물 등을 지니고
투표소 · 개표소 · 선관위
사무소에 들어가는 행위

38. 정당한 사유없이
무기 등을 지니고
연설회장 · 대담토론
회장에 들어가는 행위

39. 후보자 추천과 관련
정치자금 기부행위

40. 정당이 비당원을
초청하거나 사진 · 선전구호 등
후보자를 선전하는 내용을
게재하는 행위

41. 선거기간 개시일전
30일부터 당원 단합대회,
당원 연수원 개최

42. 기부행위 제한기간
개시일부터 선거기간 개시일전
31일까지 당원집회 개최

43. 확대당직자 회의 개최 때
선거법 규정 이외의
금품제공

44. 선거기간 개시일전
30일부터의
당원교육

45. 선거기간중
당원모집 입당원서 배부

46. 정강정책 홍보
자원봉사자 모집,
당비모금 광고 등의
법정횟수 규격 내용제한 위반

47. 정강정책 홍보물에 대한
선거법상 제한위반

48. 정당기관지의
선거법상 제한위반

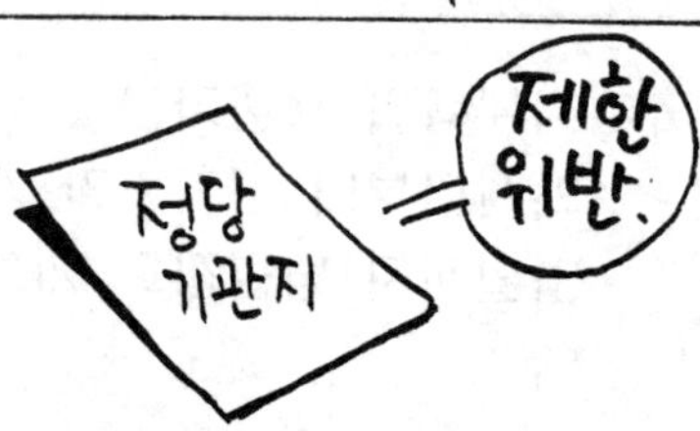

49. 무소속 후보자가
특정정당의 지지추천표방

50. 공무원 지위이용
선거운동

51. 공무원 · 정부투자기관, 지방공단의
상근 임직원, 통 · 리 · 반장,
향토예비군 소대장급 이상의 간부 등이
특정정당 후보자 홍보

52. 〃 법령외
금품제공 약속

53. 〃 선거운동 기획참여

54. 〃 선거지지도
조사발표

55. 〃선거기간중 국가·
지방자치단체 예산사업중
즉시 공사는 진행하지 않을
사업의 기공식 거행

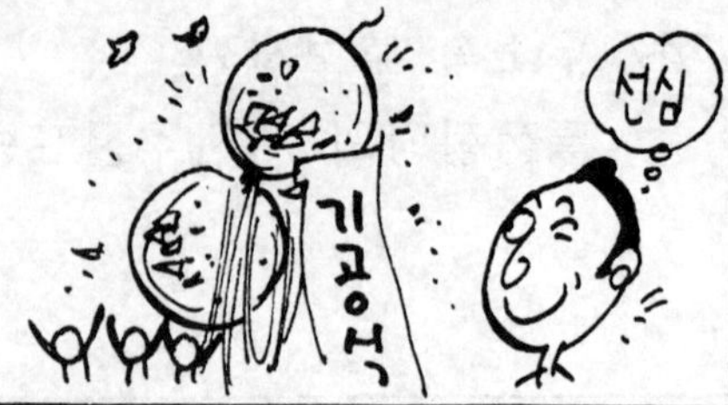

56. 〃선거기간중
정상적 업무외의 출장

57. 〃선거기간중
휴가기간에 업무관련
기관시설 방문

58. 선관위원 직원 등에 대한
매수 및 이해 유도

59. 선관위원 직원 등의
선거인명부
허위사실 기재

60. 상기자의 벽보 기타
선전시설 방해행위

61. 선관위원 직원 등의 선전벽보 · 선거공보 · 소형인쇄물 부정작성 · 첩부발송

62. 공명선거감시활동을 빙자해 특정정당후보자 지지 · 추천 · 반대

63. 특정정당후보자에 대한 추천지지 · 반대결정 공표

64. 신문 · 잡지 등을 통한 특정후보자 지지 · 반대

65. 특정후보자 지지 · 반대를 위한 서명 · 날인

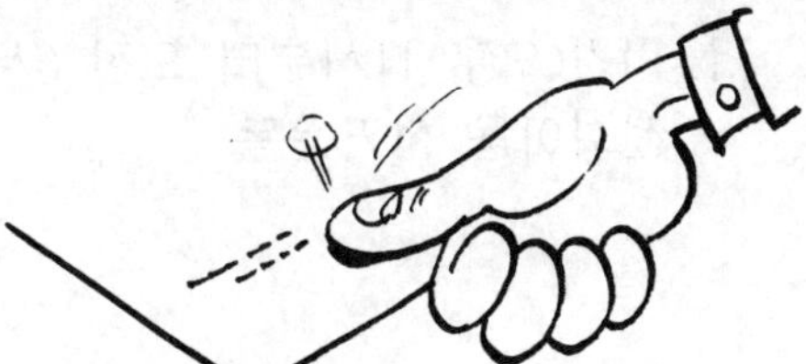

66. 기관 · 단체 내의 직위이용 선거운동

67. 사전선거운동=벽보 · 현수막 · 인쇄물 사용,
방송 · 신문 · 통신 · 잡지이용
정견발표회 · 좌담회 · 토론회 개최,
선거운동기구를 설치,
사조직운영, 호별방문

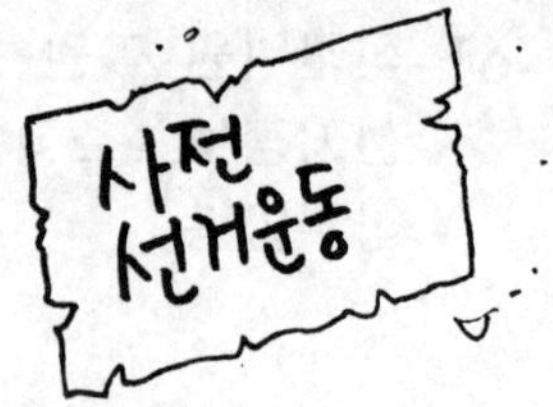

68. 무리를 지어
거리행진 연호

69. 선거기간중 입당권유
호별방문

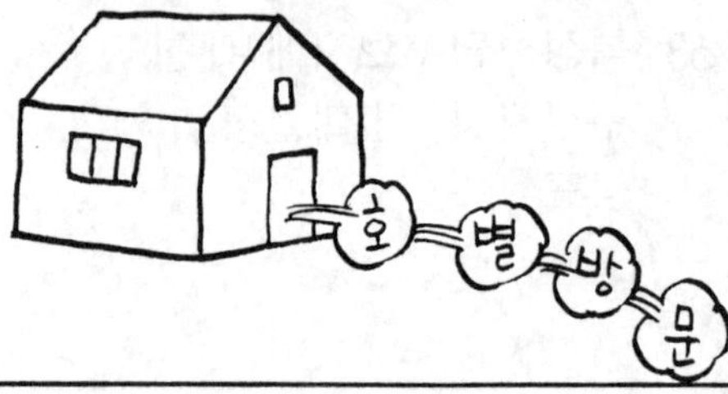

70. 전보 기타 전기통신
방법의 선거운동

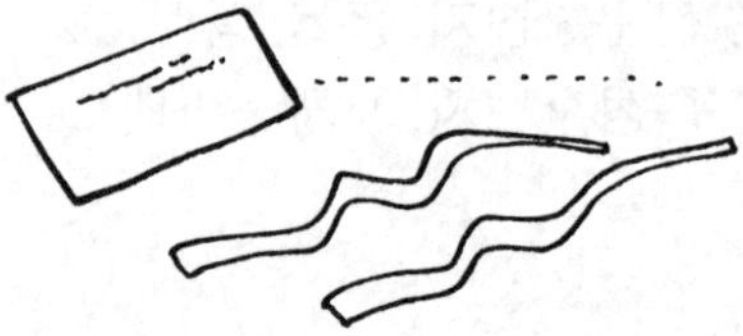

71. 야간(오후 11시부터 오전 6시까지)
전화이용 선거운동

72. 확성장치 사용

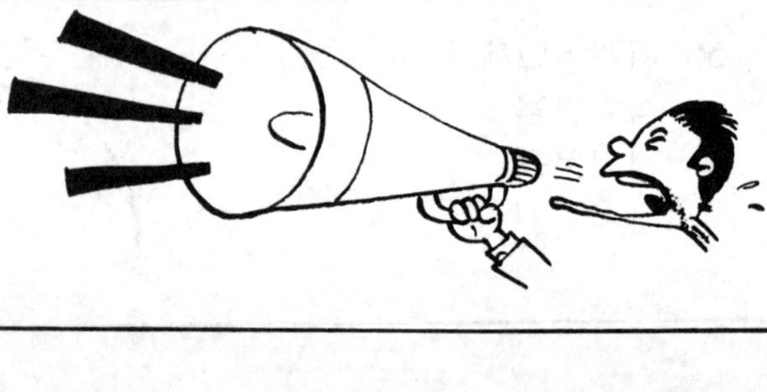

73. 개인정견발표회
시국강연회 개최

74. 선거기간 개시일부터
선거일의 투표마감 시각까지
여론조사 경위와
결과공표

75. 선거일전 60일부터 선거일까지
투표용지와 유사한
모형사용 여론조사

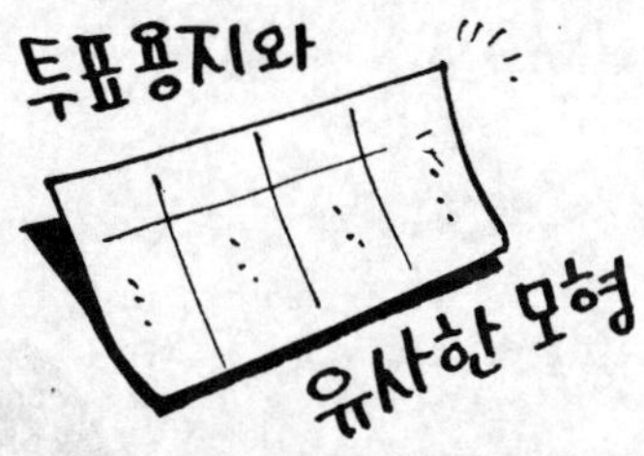

76. 선관위공고 선거비용제한액의
200분의 1이상
초과지출

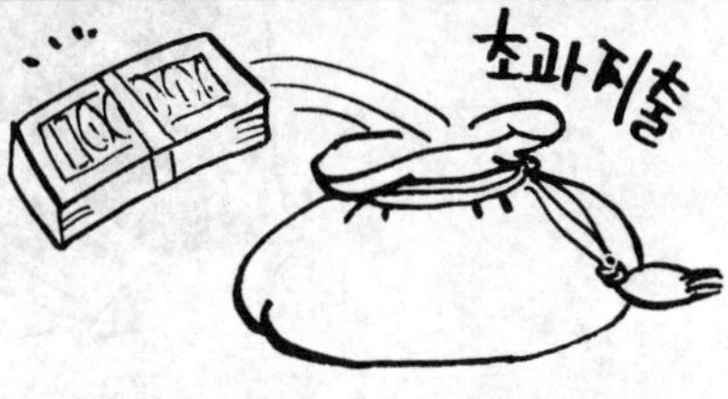

77. 당선사퇴 목적
금품제공

※ 제 II 편은 171쪽부터 시작됩니다.

제Ⅱ편

지방선거 전략

—당신도 지방정치인이 될 수 있다

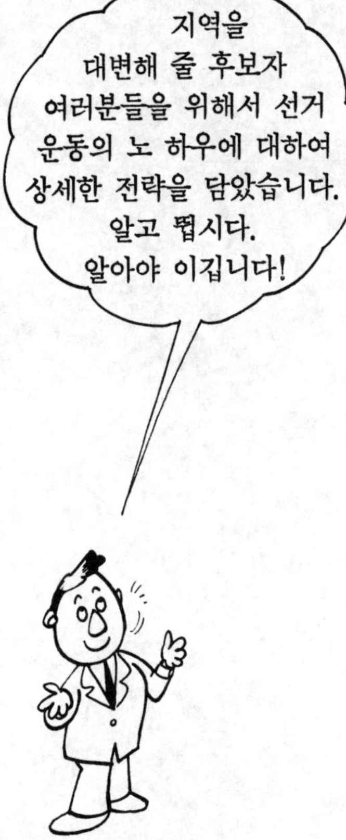

제1장 지방선거에 출마하려면

지방자치의 정치체제가 문을 열었다. 따라서 유능한 지방 정치가가 필요하게 되었다.

지역주민의 목소리를 하나도 빠짐없이 흡수해서 보다 좋은 환경을 만들어 줄 수 있는 활력에 넘치는 정치가가 나와주기를 지역주민은 기대하고 있다.

특히 지역사회 특유의 문제에 대해서 지역주민의 편에 서서 시대의 흐름을 지켜보면서 적절한 해결의 길을 제시해 나갈 필요가 있다.

지역적인 편견이나 독단적인 의견은 지역의 쇠퇴로 더 나아가 자신의 정치 가로서의 생명도 좌우될 것이다.
지역적 편견
독단적 의견
지역의 쇠퇴…
정치가로서의 생명좌우…
지방정치에 뜻을 둔 사람은 지지자의 입장이나 반대자의 입장에서 지역주민의 참된 목소리를 흡수, 지역주민의 문제를 바르게 파악하고 적극적으로 행정면에 반영하지 않으면 안됩니다.
그것은 이제부터 지방자치 단체의 지방의회 의원이 되려는 사람도 마찬가지 입니다.
신인으로 처음 입후보하는 사람은 선거라는 관문을 뚫고 나가는 일이 현직에 있는 사람보다 힘이 벅찰 것이다.
현직
신인
그러나! 이와 반대로 이제까지의 지방정치가 이루지 못했던 절실한 문제해결들을 들어내는 것으로
유권자의 주목과 기대를 모을 수가 있는것 입니다.
·자기가 이상으로 하는 것은 무엇인가?
理想.
지방유지
예전에는 지방의원 하면 그 고장의 양조장 주인, 지주등 지방유지 등의 명예직으로나 여겨 왔었습니다.
가업을 자식에게 물려주고 의원이라도 되어서 한가하게 지내볼까 하는 의식을 가지고 의원이 되려는 경향이 과거에는 많았었다.
가업
어흠…
그러나 앞으로는 우리사회에서 이러한 일은 통하지않게 되었습니다.
아직도 명예직을 얻으려고 의원을 희망하는 사람이 있는 것도 어쩔 수 없는 일이라 하겠지만 세대 교체는 확실히 진전되고 있다.
진출
지방으로 가면 갈수록 지연·혈연에 대한 관념이 더 하다고 하지만
그러나!

지방에서도 젊은 세대로 바뀌어져 가고 있는 것이 확실하고 앞으로 있을 지방정치의 양상이
과거와는 달리 크게 변모하리라는 전망은 자명한 사실입니다.
이제부터 지방정치를 둘러메려는 후보자는 민주주의의 뿌리를 찾고 그 기반을 확립하여야 한다.
민주주의
기반
민주주의란 본래 후보자가 스스로의 정치적인 견해나 정책을 주민으로부터 묻는 데서부터 출발한다. 중앙과 지방의 관계
확고한 신념
민
주
주
의
에서 지방자치단체의 존재, 행정과 주민과의관계, 교육이나 복지 · 주택 · 환경 · 공공시설의 충실 등…
행정
주민
단체의 존재
복지
교육
주택
환경
공공시설
지방정치 전반에 걸쳐 이상이나 구체적인 목표
현실에서 목표에 이르는 과정에 대한 확실한 계획이 필요합니다.
이 경우 정치적 이상이라는 것도 단순한 정치적 추상문제 그쳐서는 안된다.
정치적
추상론
특히 지방정치에서는 주민주변의 일들이 테마가 되기 때문에 어디까지나 구체적인 문제에 대하여 얘기하고
구
체
적
방
법
구체적인 해결방법을 제시해 가는것이 요구됩니다.

2. 지지자의 포섭
·은밀한 지지자를 만든다.
후보자는 자신의 정책을 주민에게 호소하고 광범위하게 지지자를 확보하여야 한다.
광 범 위 한 지 지 자 확 보
지방의회의원은 적은 데서는 수천표, 많은 데서는 수만표를 얻지 못하면 당선되지 못한다.
낙선
시대의 흐름을 올바르게 파악하고 부동표를 널리 흡수해야 한다.
간단히, 수천표에서 수만표라고 한다면 이러한 표를 지속적으로
획득해 가는 일은 좀처럼 쉬운 일이 아닙니다.
후보자라면 시대의 흐름이나 지역주민의 원하는 바에 민감하게 반응하고 광범위한 지지자를 포섭하여야 한다.
支持者
기본표
자기를 꼭 지지해 주겠다는 사람들을 지속적으로 붙들고 있을 필요가 있다.
지속적인 관계유지
정치가라면 때로는 유권자에게도 귀가 거슬리는 말을 하지 않으면 안될 때도 있을 것입니다.
반발
궁극적으로는 주민에게 도움이 되는 정책이라도 그 실현의 과정에서는 주민의 반발을 사는 일도 있다.
기본표
결국은 우리에게 좋은 것이니
자네가 이해하게.
그런 때에 자기의 기본표가 든든하다면 여유있게 대처해 나갈 수 있을 것입니다.

· 思想, 信條를 초월한 지지기반 만들기
지방정치에서의 기본적인 표라는 것은 후보자에게 특별한 관계를 느끼게하는 개인표가 많습니다.
그 후보의 소속정당에 관계없이 매우 개인적인 관계를 통해서 모여지는 표가 기본표가 되는 수가 많기 때문이다.
개
인
적
관
계
야당후보자라고 하더라도 그 후보자의 기본표 가운데는 여당 지지자가 많은 경우도 있고 반대의 경우도 있다.
여당 후보자
야
당
지
지
자
야당 후보자
여
당
지
지
자
특히 지방정치는 주변의 일들을 당면한 문제로 삼는 경우가 많습니다.
주변의 문제를 성의껏 열심히 도와주는 사람이라면 유권자에게 있어서 후보자의 소속정당은 제2의 문제가 되는 것입니다.
따라서 후보자는 광범한 지지자를 확보하는 것과 동시에 개인적인 지지자를 한 사람 한 사람 확보하도록 노력해야 한다.
올바른 정치
은밀한 관계를 통해서 개인적인 인간관계를 넓혀 기본표를 확보해 나가야 한다.
기본표 확보
한번 기본표라고 확정지을 수 있게 된 지지자와는 정기적으로 접촉을 하도록 하고 지속적인 관계를 맺도록 할 필요가 있는 것입니다.
당선
그로 인해서 비로소 표를 다질 수 있게되고 당선될 수 있는 표를 얻어 낼 수 있습니다.

3. 폭넓은 지지기반 확충
·지역발전을 첫째로 생각한다.
지방자치에서는 전국적 중앙 정치문제보다는 지방적·지역적 공동관심사에 더 큰 비중을 두는 편이 좋다.
정책호소
큰 정치적 틀에 집착하면 정책을 호소할 유권자층이 좁아지고 많은 지지자를 모을 수가 없습니다.
광범위한 지지자…
유권자를 지역주민으로 본다면 호소하는 정책내용도 넓고 풍성한 것이 되어야만 광범위한 지지자를 확보하는것이 가능해질 것입니다.
넓고 풍성한 정책내용
·商工團體의 지지를 들고 나온다.
후보자들은 지방중소기업을 대상으로 지역의 이익을 대변하는 입장에서 여러 가지로 접근할 수가 있다.
상공회의소
정책
협의
지방 중소기업
대기업에로의 해결
지원육성
직능별로 접근해서 지지를 물을 수 있는 여지가 많습니다.
어느 후보자라도 지역이익이라는 관점에서 상공단체나 기업 등 각종 직능분야에도 적극적으로 접근해서 지지기반을 만들어 나가야 한다.
적극적인 접근
지 지 기 반

· 노동조합의 지지를 얻어낸다.
어느 후보자라도 지역주민의 복지라는 관점에서 노동조합 등에 자기 정책을 호소해서 지지기반을 강화할 수가 있다.
노동조합
정책 호소
지지기반 강화
여당
지역일을 열심히 하는 후보자라면 노동조합이 덮어놓고 거부하지는 않을 겁니다.
그것이 노조의 운동방침과 일치하거나 운동방침에 따른 것이라면 협력관계가 이루어질 것입니다.
또 노동조합이라고 해도 갖가지 흐름이 있고 지지하는 정당이 뚜렷하지 않은 조합도 있다.
노동조합
협력
여야 소속 후보
지방정치의 과제는 주변의 문제에 집중되어 있다. 따라서 후보자들은 적극적으로 노조 등을 접촉을 해서,
폭 넓은 지지
사안에 따라 공동협력관계를 이룩해서 자신의 지지기반을 넓혀 나갈 필요가 있다.
성실하게 활동해 나면 차츰 반대성향이라고 생각되던 곳에서도 개인적인 지지자가 생길 것이다.
개 인 적 지 지 자
반대 성향
그러한 지지자가 후보자의 기본표가 되고 스스로의 정치기반을 반석으로 이끌어가는 것입니다.

Ⅱ. 준비행위는 선거 결과를 좌우한다.

1. 입후보 목적을 명확하게

처음 입후보하는 경우 선거에 나서는 목적이나 이유를 명확히 하는 것이 중요하다.

지방의원으로서 해야 할 목적 과제를 분명히 할 필요가 있다.

후보자가 정치과제나 정치목적을 분명히 하면, 후원자나 지지자도 그 목적을 향해서 다시 한번 마음을 가다듬고 선거운동에 매진하게 되는 것이다.

인간은 어떤 목적을 갖게 되면 그것에 전력을 다하는 것이 상례이다. 그러한 목적을 후보자 자신도 갖고, 또한 지지자에게도 갖게 할 수 있다면 선거운동은 열기를 띨 것이 분명하다.

시정(市政)의 혁신이나, 지역의 활성화 등 지방정치의 과제나 목적은 갖가지이다. 그러한 과제나 목적과 스스로의 정치적 소신을 묶어서 입후보한 목적을 명확하게 해야 한다.

특히, 신인후보는 신인답게 새로운 과제나 잇슈를 내놓고, 지역주민에게 커다란 충격을 주어야만 주목을 받는다.
또, 그렇지 않다면 신인이 입후보하는 의의가 희박하다고 하지 않을 수 없습니다.
하… 전혀 새로운 내용들인데….
신인 다운…
구태의연하고 사무적이며 으례적인 말만 하고 있다 가는 유권자가 싫증을 내버리고 말 것이다.
진취적 의욕을 나타내고 새로운 과제를 설정하여 그 쪽으로 향해 자신을 분발해 가는 모습을 보여야 한다.
10년
저 후보자는 새로운 것이 없어.
거시적 시대의 흐름을 읽고, 지역주민의 요구를 받아들이는 과제나 잇슈를 설정하고 분명하게 유권자에게 호소하면 됩니다.
2. 운동기간의 단축으로 이렇게 변했다.
선거기간을 단축하는 이유 중의 하나가 바로 자금이 많이 드는 선거를 시정하려는 뜻도 포함되어 있다.
· 관심과 인기의 유도
후보자는 단기간에 집중적으로 선거운동을 하지 않을 수 없게 되었습니다.
선거 운동
단기간에
집중적으로…

하루의 선거운동을 계획적·조직적으로 전개할 필요가 있고, 조그마한 오차도 허용해서는 안된다.

관심과 인기를 끌 수 있는 좋은 아이디어를 집중 개발하여 시간을 단축하여야 할 것이다.

자기의 모든 것을 전 유권자에게 가장 인상깊게 가장 효과적으로 알리는 것이 후보자가 해야 할 제1 목표이다.

운동기간이 단축되었으므로 전반·막바지로 단숨에 몰고가지 않으면 안된다.

그러므로 선거전(選擧前)의 준비행위를 포함해서 선거운동의 전략전술, 스케줄 등을 더욱 면밀하게 짜야 할 것이다.

단기결전이라는 것을 가슴에 새겨두고 보다 더 만전의 선거태세를 만드는 것이 중요하다.

3. 우선 얼굴과 이름을 알린다.

얼굴과 이름을 통해서만 비로소 개인의 정책도 현실적인 맛이 생기고 유권자에게도 널리 전해지는 것이다.

누구라도 지역주민들로부터 멀기만 한 사람이란 생각을 갖게 해서는 당선이 어렵다.

얼굴과 이름이 잘 알려져 있다는 것은 아뭏튼 지역주민과 접촉이 많고, 지역을 위해서 힘을 다하고 있다는 증명이 되는 것이다.

또 꾸준히 지역사회에서 활동하는 온갖 기회를 붙들어서 얼굴과 이름에 친근하도록 하고, 동시에 지역주민의 요구를 받아들이도록 노력해야 할 것이다.

다만, 얼굴과 이름을 팔려고 서둘다가 빈축을 사는 것과 같은 행동은 피해야 한다.

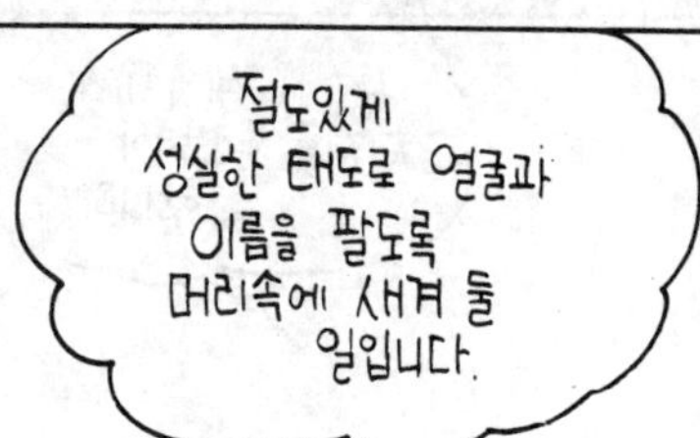

조합·단체 등에서 지지를 받기 위해서는 평소부터 조합과의 교류가 없으면 안 된다. 선거직전에 아무런 상관도 없는 조합에 처음으로 가서 추천해 달라고 한들 상대해 줄 까닭이 없다.

관계있는 각종 조합·단체에 지지를 부탁하려 갈 때에는 후보자에 관한 자료를 충분히 가지고 가서 그 조합·단체와의 인연과 지원방침을 명확히 밝히는 것이 바람직하다.

자료를 갖고 부탁하러 갔다 오면 그 뒤에도 조합의 담당자와는 자주 연락을 취하고, 의문에 대답하는 등 사후조처를 반드시 취해야 한다. 그리고 최종적으로 지지가 결정되기까지 끈질기게 대책을 마련하는 것이 중요하다.

종교단체의 접근이 집표효과가 높다는 것은, 선거 관계자 사이에서 잘 알려진 사실이다.

자기가 신자가 아니라도 상관없다. 사실상 여러 종류의 종교단체로부터 추천을 받고 있는 후보도 있기 때문이다.

정치가로서 신앙심을 갖고, 신앙의 자유에 대한 최대한의 존중과 정의(情誼)를 나타내고 있다는 것을 이해시키도록 한다.

작은 교단이라고 해서 협력을 요청하지 않는다는 것은 잘못이다. 작은 교단일수록 구성력이 강하고, 뜻밖의 힘을 발휘해 주는 경우가 있다.

요즈음 엄마들 사이에는 배구팀, 건강체조, 바둑, 장기, 수영, 자수, 꽃꽂이 등 취미서클이 수없이 열리고, 활발한 활동을 벌이고 있다.

이런 취미서클에서는 멤버끼리, 꽤 연대의식이 강하고 횡적인 연결도 넓다. 하나의 서클과 가까이 하고 있으면 같은 선거구에서도 각기 다른 서클과 연계가 되는 것이 보통이다.

평소부터 서클 멤버와 알고 지내느 사이가 되어서 행정기관으로부터 보조금을 얻는다든가, 공공시설의 사용같은 상담에 응하고 고문과 같은 위치를 획득할 필요가 있다.

이처럼 서클과의 관계를 평소부터 깊게 하고 있으면 선거 때에 지원단체의 하나로서 협력을 얻을 수가 있다.

건축업자, 인쇄업자, 제본업자, 운수업자, 목재업자, 소매업자, 여관, 이용, 세탁 등 지역주민의 주변에는 여러 가지 업자가 상품이나 서비스를 제공하고 있다. 이들 업자가 저마다 업자단체를 형성하고 지방행정에 스스로의 이익을 반영시키려 하고 있다.

후보자는 그 이익을 반영시키는데 노력할 것임을 약속하고 적극적으로 업자대책을 잘하면 지원이나 협력을 얻을 수가 있다.

후보자는 업자단체와의 접촉을 도모하고, 지역의 업자 실정에 밝아야 되는 것은 협력을 얻는데 있어서 불가결하다. 이해나 의견대립을 이용하여 자기를 교묘하게 알리고, 지지와 협력을 끌어내는 것이다.

그러나 자신을 재치있게 알릴 셈으로 여기 붙거나 저기 붙거나 하는 무정견함을 들어내서는 지지(支持)를 못얻게 되고 만다. 역시 자기의 정치적 이상이나 신조에 비추어서 어떤 업자단체의 이익유도를 꾀할 것인지를 똑바로 생각하지 않으면 안된다.

선거구에는 후보자의 자택이나 사무소가 있다. 자기 지방에 자택과 사무소가 있다는 것은 그것만으로도 자연스럽게 지방 주민과의 연계가 되어 있는 것이고 그것을 발판으로 지지와 협력을 폭넓게 얻을 수 있을 것이다.

예를 들면, 이웃과의 사귐에서 언제나 물건을 사러가는 가게나 마을 모임 등 그런 연계는 수없이 많다. 하나 하나의 연계를 소중히 해서 지지자와의 관계를 차츰 굵고 강하게 해가는 것이다.

지방의원의 경우 유권자는 지역의 심부름 활동이나 상담 활동을 중시하기 때문에 그런 활동을 부지런히, 꾸준히 해주는 후보자라면 표를 찍어줄 것이다.

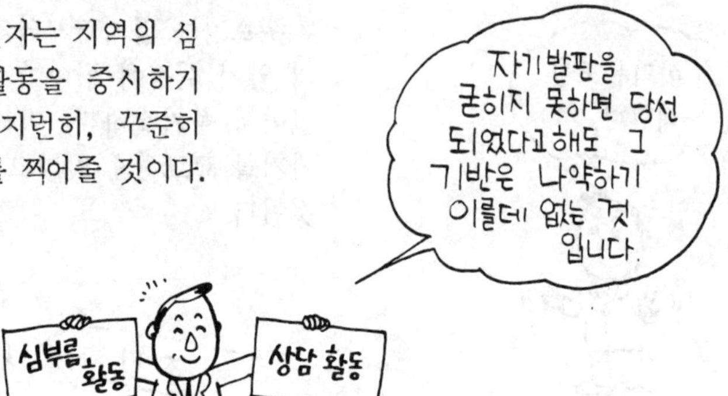

또 지지하는 특정후보자가 없는 유권자는 「어찌 됐든 이 고장출신 후보자를 찍어주자」라고 생각하는 일이 많은 편이다.

지반을 단단하게 하는 데는, 첫째로 후보자의 가족이 일치단결해서 부딪칠 필요가 있다. 제아무리 후보자가 훌륭해도 부인이 제멋대로여서 이웃간에 폐만 끼치고 있어서는 도저히 지지는 얻지 못한다. 아이들도 마찬가지이다.

가족이 후보자를 중심으로 해서 튼튼하게 스크럼을 짜고 주위에서 부러움을 사는 가정을 만들 일이다.

이라는 말을 듣지 않으면 안된다.

이것은 후보자를 포함해서 가족으로서는 상당한 괴로움이지만, 스스로 개방함으로써 지방주민의 품으로 뛰어들 수가 있는 것이다.

인간끼리의 접촉에서도 스스로 흉금을 털어놓지 않고서는 남의 마음속으로 들어갈 수 없는 거와 마찬가지다.

조그마한 모임에도 기분좋게 자기집을 제공하거나 노인들의 다과회의 자리로 이용하도록 한다.

세번째로, 지역의 생활환경이나 거주공간의 보수, 개선 등을 주민을 위해 솔선해서 할 일이다.

이와 반대로 후보자의 부인이라고 해서 고고하게 굴면서 손대지 않으면 「후보자는 입으로 좋은 소리를 지껄여 대지만 사실 그 부인은 틀렸어」하고 외면을 당하고 만다.

본고장 주민을 한 데 뭉치게 하는 네번째 비결은, 본고장 주민과 거리를 두지 않고 어울리는 것이다. 본고장에서는 적을 만들지 않는 것이 중요하다.

한 사람이라도 적을 만들면 마찰이나 오해가 생겨서 나쁜 평을 듣게 된다.

그런 오해가 생기는 자체가 문제인 것이다. 본고장은 초당파적으로 뭉치려고 해도 작은 구멍 하나로 무너져 내리고 말 것이다.

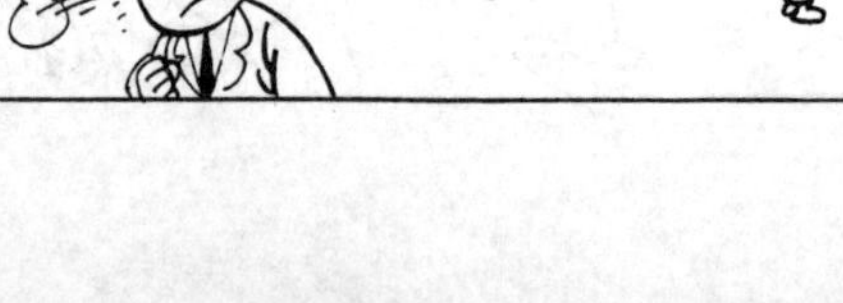

의견이 엇갈리거나 견해의 차이가 생겨 버리면 어떻게 할까. 그런 경우는 상대방의 체면을 세워 가면서 끈기있게 설득하고 마무리를 잘 해야 한다.

서둘지 말고 인정에 호소하고 같은 고장의 여러 가지 관련 사항을 횡적, 종적으로 구사해 가며 이야기를 계속 하는 것이 중요하다.

지역의 유력자와는 가깝게 접촉하고, 있는 그대로의 자신을 알릴 필요가 있다.

주저말고 자주 찾아 가서 자기라는 인간을 이해해 주도록 한다. 성의를 갖고 접촉하면 본고장 사람이라는 데서 친근감이 솟고 후원해 주게 될 것이다.

한 고장의 유력자란 큰 영향력과 뜻밖의 인맥을 갖고 있기 때문에 본고장을 한 데 뭉치는 키포인트가 될 것이다.

동급생이나 동창생이란 것은 언제 만나도 반가운 것이다. 누구나 소년기나 청년기를 지낸 학교시절의 추억은 마음 한구석에 간직되어 있기 때문이다.

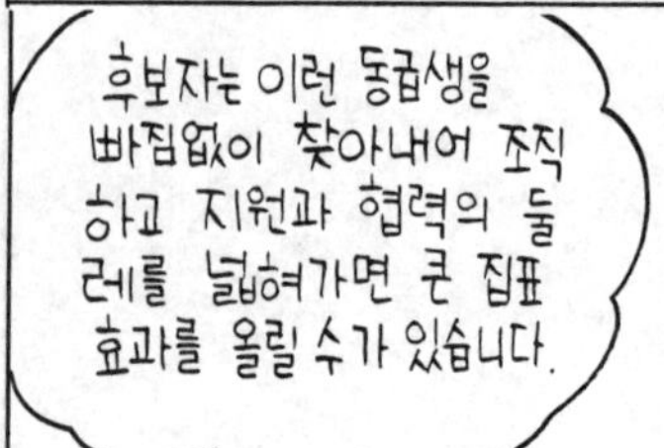

먼저 지휘봉을 드는 것은 학생시절의 친구일 것이다. 다음으로 고락을 함께 한 클럽동기, 선배, 후배 다시 같은 학년의 동급생이다. 이러한 사람들에게 협력을 청하고 제일먼저 후원을 부탁한다.

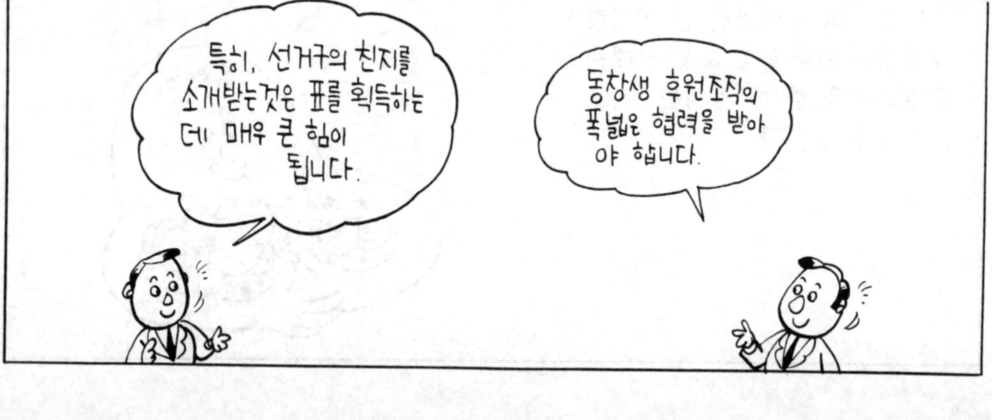

2. 친척, 그야말로 친위대
친척에게는 무엇을 부탁할까, 선거운동에 있어서는 가족이나 친척만이 할 수 있는 일이 있다.
가족
친척
때로는「후원자 자신이나 친척이라도 찾아오지 않는 것은, 나를 우습게 보기 때문이야」라고 앵돌아지는 유권자들이 많이 있을 정도다.
제 조카가 이번 선거에 입후보 했기때문에…
사촌인 ○○○를 잘 부탁합니다.
이런말은 뜻밖의 효과를 나타냅니다.
후보자만의 인맥뿐만 아니고, 가족이나 친척이 각각 개별적으로 가지고 있는 인맥도 마음껏 활용할 수 있다. 가족이라고 하면 부모·형제·자매지만, 친척이라고 하면 삼촌이나 사촌들을 모두 들 수 있다.
다시 부인쪽의 친척도 포함하면 상당히 많은 수가 되고, 저마다의 인맥을 더듬어서 확실한 집표활동을 벌여 나가면 무시하지 못할 표를 얻을 수 있다.
가
족
친
척
·친척과의 접촉을 빼 놓을 수 없다.
가족이나 친척의 협력을 얻어내기 위해 평소부터 친척과의 접촉을 잘 해두야 하겠습니다.
가족이나 친척이 선거에서 적극적으로 나서지 않으면 후원자나 지원자가 아무래도 시들해질 수밖에 없다.
친척이 저 모양이니…

그러나 이와 반대로 가족이나 친척이 선거운동에 너무 시끄럽게 끼어드는 것은 생각해 볼 일이다.

선거대책본부는 후원회를 축으로 운동을 전개하도록 하면서, 그것과는 별도로 가족·친척의 독자적인 선거대책기반을 만들어 본부와 긴밀한 연락을 취하면서 선거운동을 추진하는 것이 좋은 방법일 것이다.

그래서 후보자와 마찬가지로 당선되기 위해 전력투구를 하도록 한다. 자금원조를 비롯해서 후보자의 대리로서의 행동 등을 분명히 말해준다.

친척에게는 어리광이라도 부릴 만큼 부려서 많은 원조를 끌어내도록 하는 것이다.

가족이나 친척들은 집안의 명예로 생각하고 협력한다. 체면 따위는 내던져버리고 솔직하게 사정을 하도록 할 것이다.

가족끼리 친하게 지내고 있는 이웃사람들 한테도 친척의 독자적인 선거대책반에 들어와 달라고 한다.

선거에 있어서 가족, 육친의 역할은 후보자처럼 전면에 나서지 않을 뿐 그늘에 가려진 고생이 많을 것이다.

선거라는 것은 친척만으로 되는 것이 아니다. 후보자를 둘러싼 지지자가 있어야만 비로소 후보자에게 표를 던지는 유권자들을 확보할 수 있다.

가족·육친은 솔선해서 선거운동을 떠 맡아야 하고 응원해 주는 지지자의 눈치도 살펴야 한다.

부인이나 육친에 대한 이런 개인적인 비난·비판이 나오기 시작하면 선거운동 전체에 미묘한 불협화음이 생기고 기세가 떨어지고 만다.

그것이 낙선이란 결과로 이어지는 것이다. 오해나 잘못이 지지자측에 있을지 모른다. 그러나 그런 것을 찾아내도 별 수가 없다. 당선되지 못하면 본전도 못 건지는 것이다.

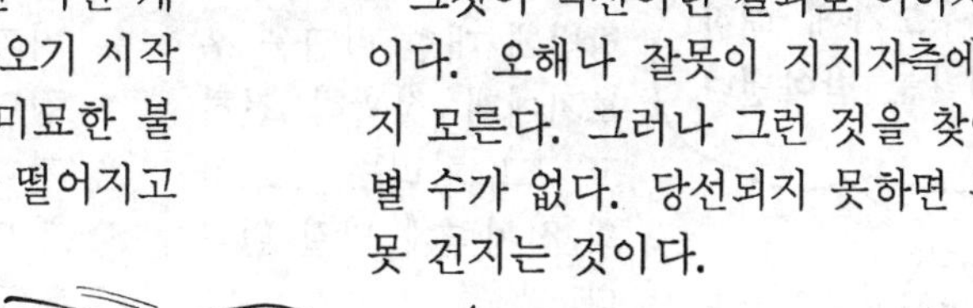

따라서 가족이나 육친에 대한 이런 비난이나 비판이 나오지 않도록 가족이나 육친은 지지자에 대한 신중한 배려가 필요하다.

그렇다고 해서 지지자와 좀 거리를 둔다면 선거운동 전체가 힘차게 추진되지 못하고 그것 때문에 다시 비난이 쏟아져 올 것이다.

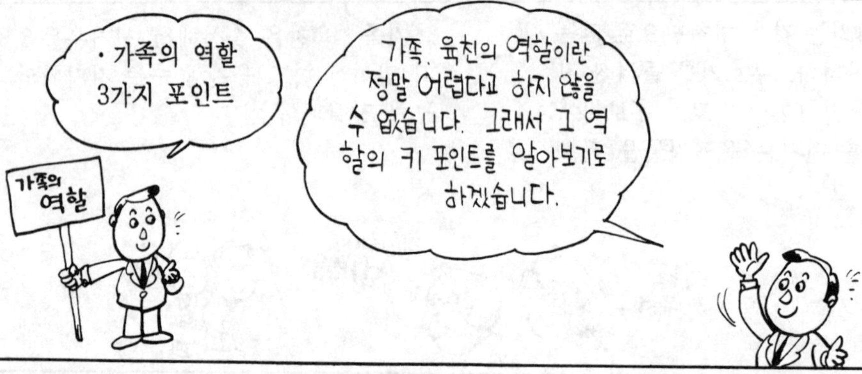

지지자에게는 겸손한 자세로 자상하게 대응해야 한다. 지지자 한 사람 한 사람의 직업이나 성격 등을 자세히 파악하고 그 사람에게 어울리는 대응을 한다.

선거사무소에 지지자가 찾아오면 곧 차를 내온다거나, 운동원이 돌아오면 「수고했읍니다」라고 한 마디 말을 건네는 자상한 마음 씀씀이가 중요하다.

후보자나 선거운동의 방법에 대한 비판을 후보자에게 정확히 전하고, 그 처리는 후보자의 정치력에 맡길 일이다.

후보자에 대한 비판을 지지자가 입에 담아도 그것을 정면에서 맞받아서 변호하거나 말대꾸를 하지 말고 부드럽게 받아내는 자세를 갖고 대응해야 한다.

후보자의 건강상태의 변화나 심신의 건강관리를 주의 깊게 해야 한다. 생활을 함께 하는 부인이나 육친밖에는 하지 못하는 일이니까 후보자의 건강에 대한 전책임이 있다고 해야 할 것이다.

가족이나 육친의 역할이 분명해졌으면 다음으로는 마음가짐이다. 마지못해 하거나 마음가짐이 확실하지 않으면 가족·육친이 걸머지는 역할도 겉도는 것이 되어 버리고 역효과가 나타난다.

가족이나 친족의 마음가짐의 기본은 자신도 입후보하고 있다고 하는 마음을 갖는 것이다.

라든가

라고 한대서야 지지자들도 신명이 나지 않는다.

지지자도 할 일은 갖고 있고 무엇보다도 남을 위해 발벗고 나서는 것이다. 가족이 방관적인 태도로 나온다면 지지자들도 냉정해지는 것은 당연한 것이다.

가족이나 친척도 침식을 잊을 만큼 되어야만 남도 움직여 준다. 선거운동의 열기를 발산시키는 핵이 되겠다는 각오가 가족이나 친척에게 있어야 하는 것이다.

선거는 친척만으로 되는 것이 아니다. 지지자가 있어야만 후보자에게 표를 던지는 유권자를 확분할 수 있다.

선거운동 자체도 물리적인 인원을 필요로 하기 때문에 친척만으로는 도저히 불가능하다.

지지자나 운동원은 귀중한 자기의 시간과 돈을 써가며 도와주는 것이다. 아무 상관없는 남이 후보자를 위해 열심히 도와주는 것이다.

선거대책반에서 계획한 스케줄대로 행동하고 전심전력으로 해내는 것이다.

③잘난 체 하지 말 것

후보자의 가족이나 친척이라고 해서 잘난 체해서는 안된다. 어디까지나 협력을 받는 입장이라는 것을 기억해야 된다.

④ 支持者의 흉을 보지 말 것

그런 발언은 꼭 지지자나 운동원에게 전해져서 선거운동에서 멀어져 나가는 계기가 된다. 또 실제적 말로 전해지지 않더라도 분위기로 알게 되는 것이다.

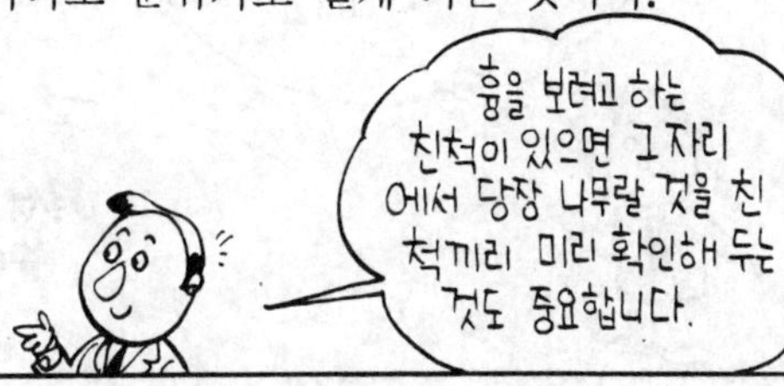

5.주부층을 끌어들인다.

지방선거는 앞으로 주부층에 어떻게 파고 드는가가 당락의 갈림길이 될 것이다. 특히 도시근교의 주택지나 아파트 단지내에서는 그것이 두드러진다고 할 수 있다.

남성은 직장생활에 많은 시간을 보내기 때문에 자기가 사는 지역에는 눈이 가 닿지 않는다.

더구나 생활환경의 개선이라든가 행정의 동향 등 자잘한 일에 대해서는 관심을 가지려 해도 가질 수 없는 것이 현실이다.

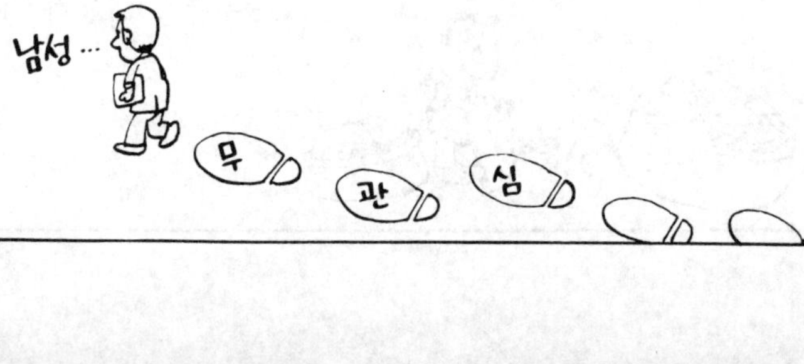

반면에, 주부는 하루의 시간을 자기 집이나 그 주변에서 보내고 있다.

지역사회는 바야흐로 주부의 사회가 되고 있다. 후보자도 이런 현실을 냉정하게 파악하고 그나름의 대응이 긴요하다.

정치의 세계도 여성을 표적으로 해서 여성의 주의(注意)나 관심을 끌어들이는 정치가 요구되고 있다.

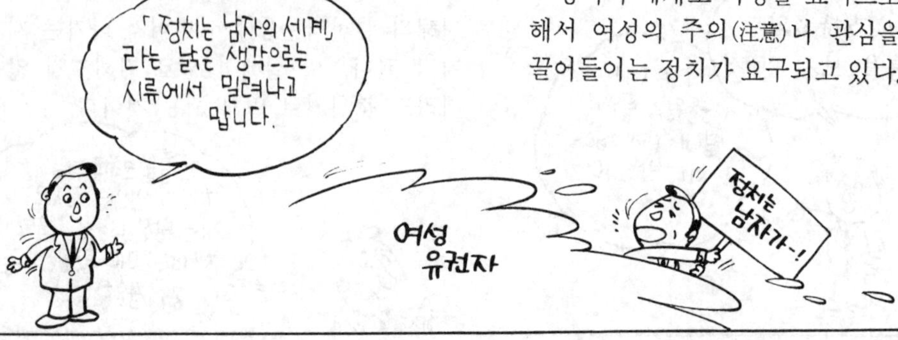

후보자 부인의 이웃과의 사귐을 비롯해서 부인회, 자모회, 소비자 보호활동 등 갖가지 인맥을 더듬는 원호사격이 있으면, 그 집효효과도 큰 성과가 있다.

사실상 어떤 지방정치지망생은 「내 앞으로의 표, 3분의 1은 마누라의 표야」라고 말하고 있다.

이 사람의 부인은 원래 본고장 출신이면서 주부들과 적극적으로 사귀어 왔다. 어릴 적 친구들과의 관계를 충분히 구사하면서 지역의 주부층을 대표할 만큼 되었다.

이쯤 되면 문제가 없다. 선거때 「우리집 아빠 잘 부탁할께」라는 한 마디면 표를 저절로 모을 수 있는 것이다. 이런 주부들의 사귐이 있으면 정치적인 까다로운 이론은 필요가 없다.

주부의 마음을 붙들기만 하면 그 남편의 표도 얻기가 쉬워진다. 「당신이 하는 말이라면」하고 찍어 주는 것이다.

따라서 후보자는 주부층을 자기편으로 끌기 위해서 부인과 연계 플레이를 잘 하지 않으면 안된다. 평소 활동 중에도 부인의 의견에 귀를 기울이고, 주부층의 마음을 끌어당기는 활동을 하나의 축으로 한다면 좋을 것이다.

자모회는 지역에 있어서는 의외로 강한 영향력을 갖는다. 어떤 의미에서는 자모회 임원은 그 고을의 명사(名士)라고 할 수가 있다.

거의 모든 집에 어린이가 있어서 그 교육문제·학교문제에는 높은 관심을 갖고 있다.

입시지옥에서 허덕이지 않는가, 진학은 희망하는 대로 갈 수 있을 것인가 등 부모들의 고민은 한이 없다.

자모회는 교육문제, 학교문제를 서로 이야기하고 아이들의 교육환경을 보다 좋게 이끌어 가는 장(場)이다. 주민은 자모회의 동향에 대해서도 민감한 반응을 나타내는 것이다.

후보자가 자모회의 고문쯤 되면 그 학교 전체에 영향력을 가질 수가 있다. 평소부터 교육문제·학교문제에 대해서 연구하여 적극적으로 발언하고 행동하는 것이 중요하다.

후보자에게 어린이가 없을 때나 있더라도 다 커버렸을 때는 어린이를 가진 지지자에게 부탁하면 된다. 자모회 활동에 관심을 가져 달라고 하고 임원이 되도록 하는 것이다.

자모회를 선거운동의 큰 기둥으로 자리잡도록 하면 좋을 것이다.

자기 자신도 교육문제에 대해서 적극적으로 발언하고 선거 때에는 자기 공약의 중점을 교육문제에 집중시킨다.

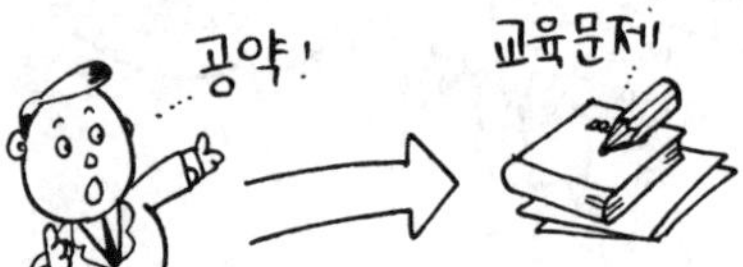

또 후보자 본인이나 부인이 자모회에 관계하면 좋은 것은 어린이가 졸업한 뒤에도 같은 시대의 자식을 둔 어머니들끼리는 무언가의 관련을 맺기 때문이다.

제 2 장 지방선거의 당선전략

I. 선거대책 본부운영

1. 선거운동원의 역할과 조건

선거대책본부를 선거사무소에 두고 후보자의 당선을 위해서 선거운동 전체의 계획입안과 지도·통괄을 하며 선거정세를 대담하게 뚫고 나갈 필요가 있다.

선거에 협력해 주는 사람을 적재적소에 배치하고, 기동력있는 선거운동을 해 나가는 것이다.

선거에 협력해 주는 사람을 한마디로 선거운동원이라 하지만, 그 역활로 구분하면 크게 세 가지로 나눌 수가 있다.

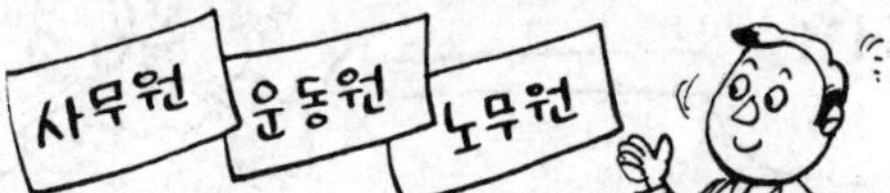

· 선거운동원
① 사무원

사무원은 선거대책본부나 후원회 사무국에서 사무를 돕고, 지원단체나 지지자와의 연락·조정을 맡고, 선거운동 전체를 부드럽게 움직이는 역할을 한다.

소형인쇄물을 배포하거나 자동차의 운전수, 전화받는 일 등 선거운동을 추진하기 위한「노력」을 제공하는 사람들이다.

선거운동은 이런 노력을 제공하는 사람들이 큰 힘이 되는 면이 있다. 그늘에서 애써주는 존재이다. 체력이 중요하기 때문에 튼튼하고 건강한 사람이라야 한다.

운동원은 후원회의 지지자로부터 노조나 종교단체 등 지원단체에서 파견된 사람들로 가지가지이다.

힘을 충분히 발휘할 수 있는 일을 맡겨서 운동원끼리 경쟁하도록 하는 것도 중요하다. 선거운동은 이런 사람들의 협력으로 이루어진다.

선거는 단기결정이기 때문에 효율적으로 활동하도록 해서 큰 선과를 올리도록 해야 한다.

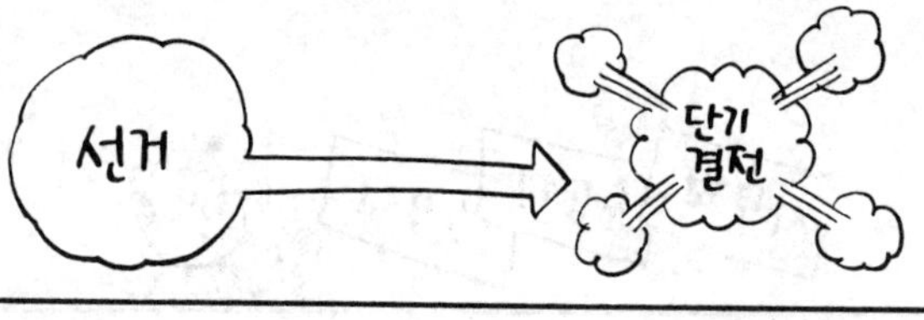

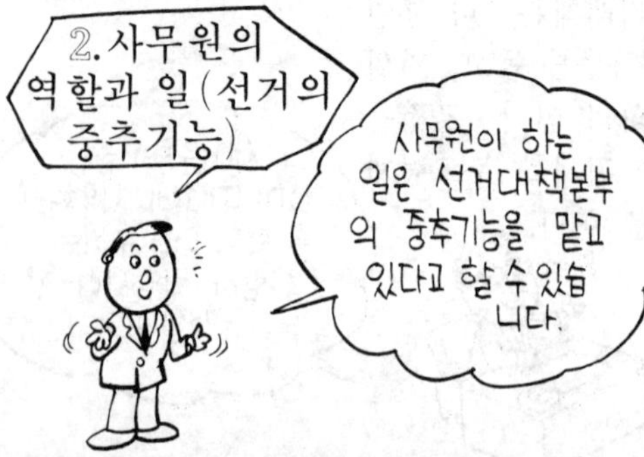

사무원의 노력 여하에 따라서 선거운동은 열기를 띠게 되기도 하고 맥빠진 것이 되기도 한다.

사무원은 그것을 명심해서 책임을 지고 임무를 맡지 않으면 안된다.

첫째로는, 선거운동의 전 스케줄을 입안(立案)하고 하나 하나의 행동을 조정하는 일이다.

여러 가지 운동을 유기적으로 짜모으고 집표효과를 최대한 높이도록 조정하고 스케줄을 소화해 간다.

자칫 잘못하면 혼란이 열기를 떨어뜨리는 결과가 될지도 모르니까, 모든 행동에 세심한 주의가 필요하다.

후보자가 언제 어디에 있으며 무엇을 하고 있는가, 나아가서는 후보자의 수면시간을 관리하고 건강상태를 파악해 두는 일도 중요한 역할이다.

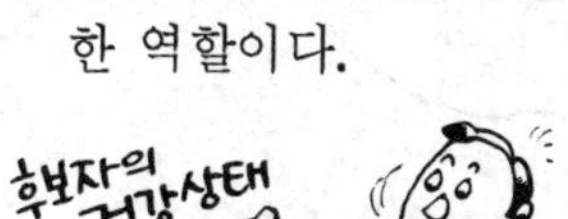

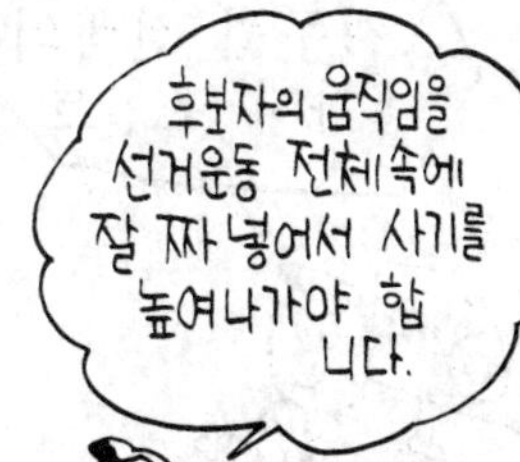

명부(名簿)는 정치생활중 축적된 오랜동안의 성과라 할 수 있다. 그것을 충분히 활용하는 것이야말로 선거에 이기는 길잡이가 되다.

어수선하게 쌓여져 있기도 하지만 그것들은 투표의뢰의 실탄(實彈)이라고 말할 수 있는 것이니까 소홀히 해서는 안된다. 똑바로 관리하고 언제라도 곧 찾아낼 수 있도록 해두는 것이 당선으로 이어지는 것이다.

다섯째로, 선거대책본부 선거사무소에서의 사무나 작업을 원할하게 해야 한다.

우물쭈물 하고 있으면 전체사기에 영향을 미치기 때문에 사무원은 늘 긴장감을 지니고 대처해야 한다.

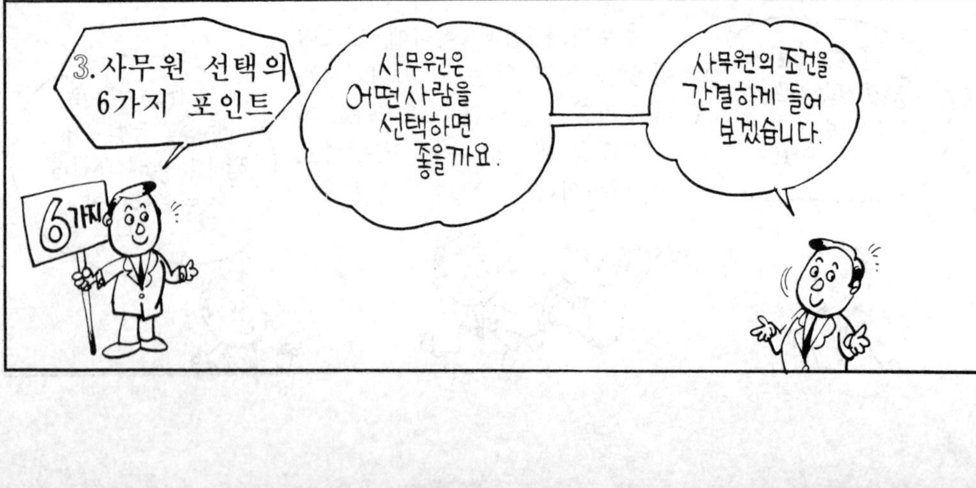

① 호감을 갖게 하는 사람

언제나 말끔하고 남에게 불쾌감을 주지 않는 사람, 벙글벙글 웃는 낯으로 사람을 대하고 발랄하며 좋은 느낌을 주는 사람, 따뜻한 느낌을 주는 사람이라면 좋다.

② 사람을 가리지 않는 사람

선거사무소에는 참으로 많은 사람이 출입한다. 생리적으로 사람을 가리는 사람이나 남의 흉을 잘 보는 버릇이 있는 사람은 바람직하지 않다.

③ 태도가 분명한 사람

말을 또렷하게 하고 매사를 정확하게 빨리 전할 수 있어야 할 것이다. 사무원이 척척 응대를 하지 못하면 지지자도 신경질이 나버린다.

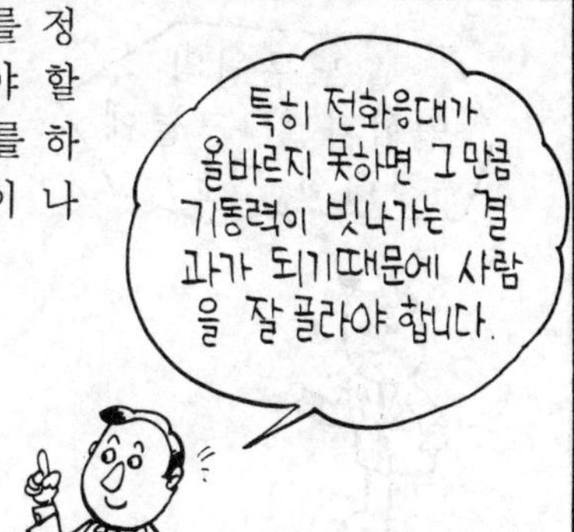

④ 글씨를 깨끗하게 쓰는 사람

선거에서는 메모하는 것을 비롯해서 글씨를 쓰는 기회가 대단히 많다. 간단한 메모라도 정성껏 써서 읽기가 쉬우면 받아보는 사람은 기분이 좋을 것이다.

사무능력이 있는 사람이 바람직하다. 선거는 단기결전이기 때문에 집중적으로 사무를 다루지 않으면 안되기 때문이다.

그 날의 사무는 그 날 중에 처리하고 다음날로 미루지 않는 것이 중요하다.

선거사무소는 전쟁터처럼 되기 때문에 청소를 솔선해서 하는 것도 중요한 일이다.

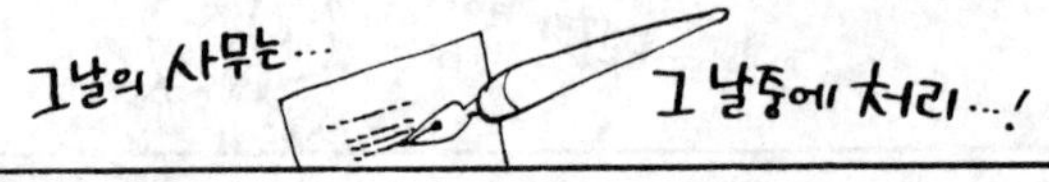

선거기간에 들어서면 누구나가 여유가 없어진다. 때로는 욕을 먹거나 억지소리를 들을 수도 있다. 그때 사무원이 감정적으로 대꾸하거나 하면 더욱 혼란이 생긴다. 어떤 사태가 되더라도 자신을 잃지 않는 냉정한 사람이 한 사람만 있어도 사정은 달라진다.

불특정 다수유권자의 눈에 띄는 일이 많다. 후보자가 무대위의 주역이라면 그 주역을 돋보이게 하는 조역 또는 엑스트라라고 할 수 있을 것이다.

우선 소형인쇄물을 효과적인 방법과 태도로 배부하여 유권자에게 어필해야 한다.

소형인쇄물은 정당은 2종, 후보자는 3종을, 27㎝×19㎝의 크기로 제작·배부할 수 있으므로 보기좋게 잘 만들어야 한다.

② 선전차의 운전

둘째는, 선전차의 운전이다. 선거구 안의 도로사정과 길을 잘 알고 지도를 안 보아도 운전할 수 있도록 되야 한다.

운전사는 신중하고 침착하게 운전하는 사람을 고른다. 사고라도 일으킨다면 빈축을 사고 선거운동에 중대한 지장을 가져오고 만다.

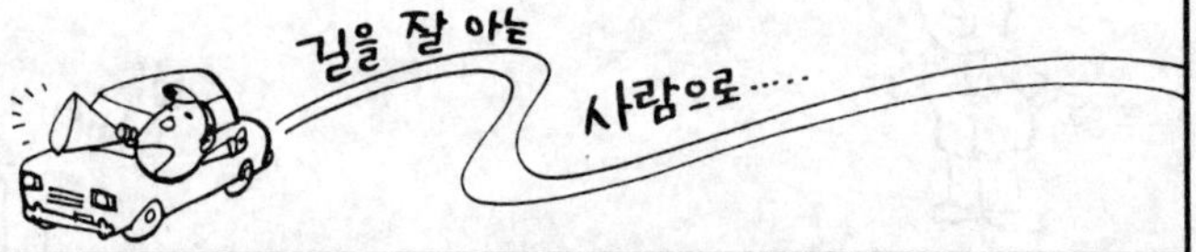

③ 사무용 자동차의 운전

문서나 자료의 운반, 후보자나 선거참모들의 이동을 위한 차의 운전이 세째번 일이다.

자동차운전과는 별도로 오토바이를 운전하는 사람도 있으면 여러가지로 편리하다. 좁은 골목에서도 원활하게 달릴 수 있기 때문에 의외의 전력이 된다.

5. 운동원의 역할과 업무(기동부대)

운동원은 선거운동을 실질적으로 추진해 가는 기동부대이다. 운동원이 얼마만큼 활동적으로 뛰는가가 선거승패의 갈림길이다.

후보자가 출마하는데 따르는 결심이나 스스로의 정치적 입장이나 견해, 특징 등을 유권자에게 전하는 유효한 수단이 소형인쇄물이다.

연설회는 후보자의 육성을 통해서 지지를 호소하는 것이다. 후보자의 호소가 청중의 심금에 가 닿도록 용의주도한 준비를 하는 것이 중요하다.

원기 발랄하게 하나하나의 행동에 부딪쳐 가며 선거운동을 고양시켜 가는 것이다. 그것을 할 수 있느냐 없느냐는 오로지 운동원에게 달려있다고 해도 과언이 아니다.

선거정세에 대해서 항상 의지를 통일하고 유기적 기동적으로 종횡무진한 활약이 기대된다.

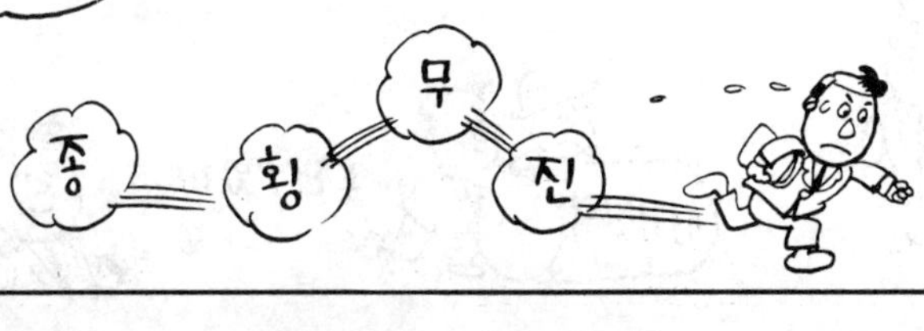

6. 선거대책 본부의 활동

후보자의 행동을 파악하고 당선되기 위한 만전의 체제와 계획을 만들고 행동해 나가는 것이다.

후보자도 선거대책본부와 사전에 충분히 의논하고 선거기간중에는 대책본부 아래서 움직이도록 한다.

자칫하면 후보자와 대책본부와 거리가 생기기 쉽다는 점을 유의해야 한다.

그렇게 되면 대책본부 밑에서 선거운동을 전개하고 있는 지지자로부터 「후보자는 제멋대로 행동하고 있다」고 오해 받기 마련이다.

후보자도 선거대책본부의 지시에 따라 행동하고 지지자와의 일체감을 행동으로 나타내는 것이 좋다. 저절로 한 덩어리가 된 선거운동이 추진될 것이다.

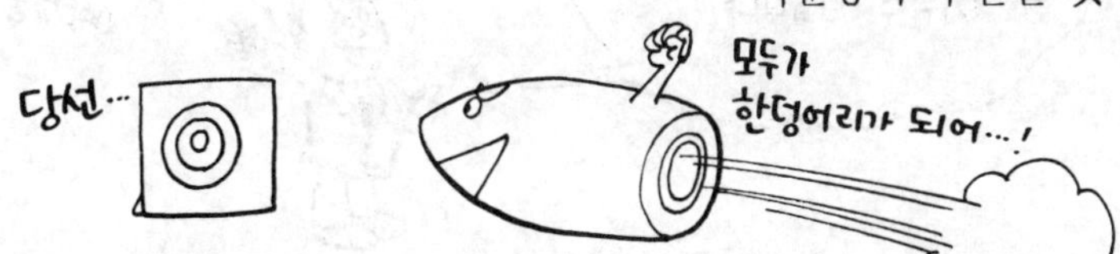

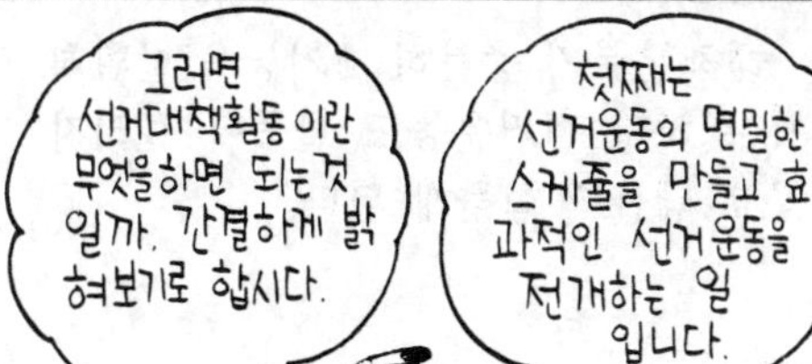

응원하는 후보를 어떻게 배치하고 어떤 싯점에서 몇 사람을 동원할 것인가 하는 선거기간중의 온갖 행동에 대해서 일정과 행동계획을 작성해 둘 필요가 있다.

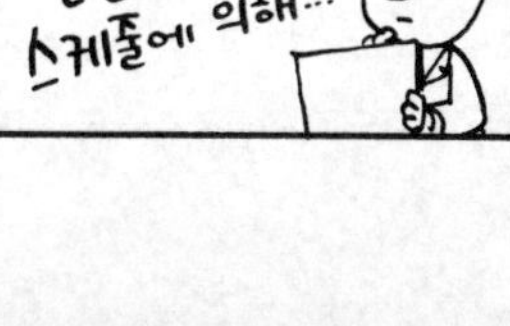

둘째로, 유력한 지지자를 위시해서 후원회, 지원단체 등에 선거기간중에 스케줄과 결정사항을 철저히 주지시켜 꼭 선거활동의 지원에 나서 주도록 하는 것이다.

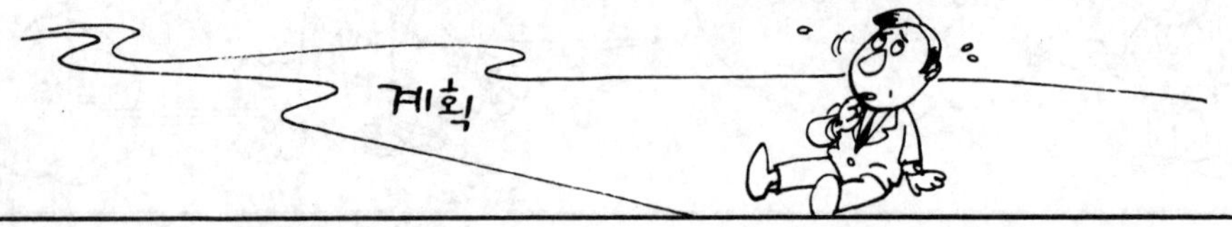

선거사무소를 설치하고 선전차의 수배에서 취사준비 등 여러가지가 있다. 선거가 시작되고 나서는 너무 늦다. 용의주도한 체제의 정비를 미리 해둘 일이다.

7. 대책본부의 역할과 기능

대책본부가 충분히 제기능을 발휘하지 못하면 선거운동도 발동이 걸리지 않고 당선도 힘들게 된다.

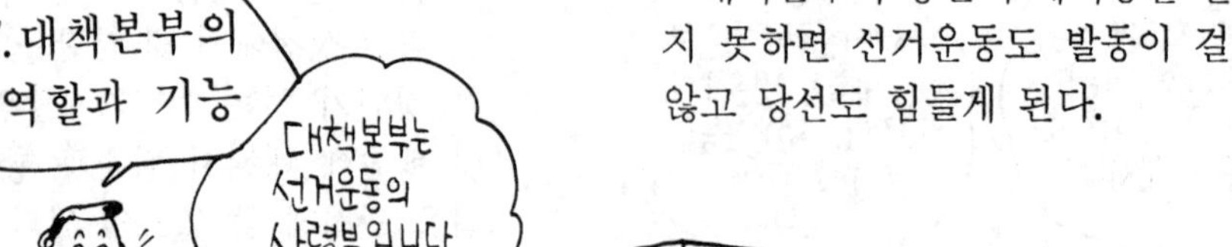

반대로 선거대책본부의 팀웍이 좋고 뜻하지 않은 사태에도 유연하게 대응하고 기동적으로 움직이면 선거운동 전체가 크게 활성화한다.

선거운동 자체를 당선으로 향해서 끌고 가려면 대책본부는 사령부로서의 역할을 똑바로 해나가지 않으면 안된다.

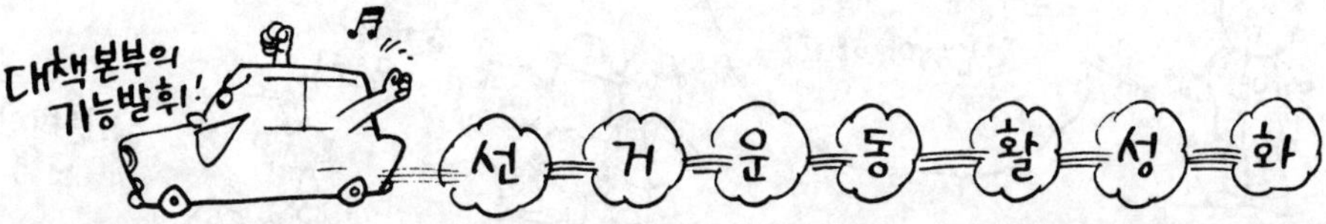

대책본부가 사령부로서 역할을 해 나가려면 첫째로 매일 반드시 선거대책회의를 열어 스케줄과 행동의 점검을 착실하게 해 나갈 일이다.

선거정세를 살피면서 점검을 하고, 상호간의 의사소통을 도모하고, 앞으로의 행동에 대해서 검토해야 하는 것이다.

사령부에서 의견이 갈라지고 그것이 그대로 지원자에게 전달된다면 혼란을 일으킬 뿐이다.

혹시 스케줄이 소화되지 않았거나 곤란한 문제가 생겼을 때는 시급히 대책을 세워서 해결하지 않으면 안된다. 현장의 목소리에도 귀를 기울이고 해결 방책을 세워야 한다.

선거정세는 시시각각으로 변한다. 그 변화에 놀랄 것이 아니라 그 변화를 유리하게 활용해서 당선에의 길을 뚫고 나가도록 하는 것이다.

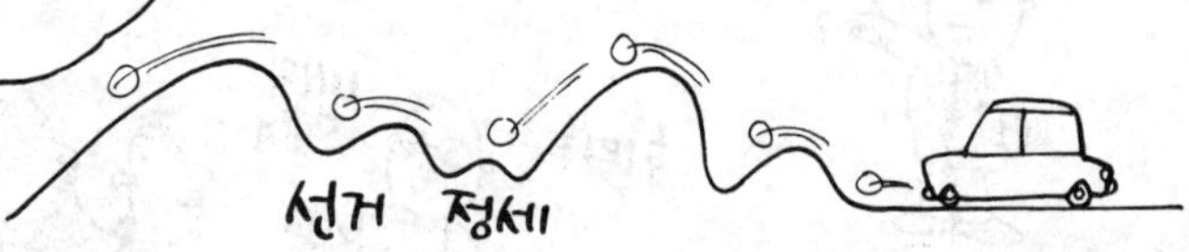

실제로 현장의 목소리에는 귀중한 의견이 담겨 있는 경우가 많고 그 의견을 선거운동전체에 즉시 보편화시키는 것은 중요한 일이다.

Ⅱ. 선거전(選擧戰)의 사전점검

1. 선거대책본부 구성시까지 취해야 할 일

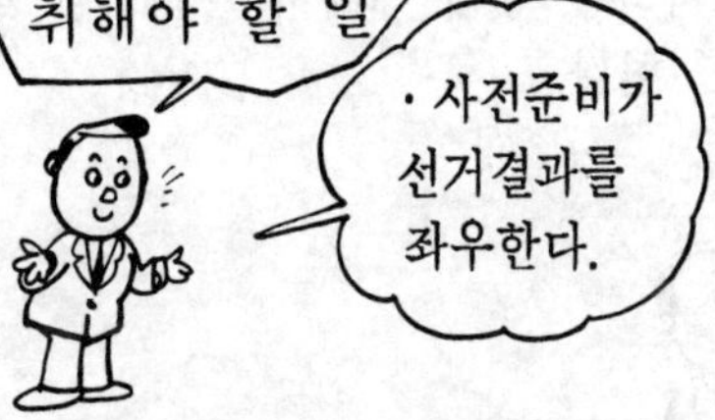

불과 얼마 안되는 짧은 기간에 최대한의 집표효과를 올리기 위해서는 뭐니 뭐니해도 사전준비가 중요하다.

선거전(選擧戰)에 돌입하면 대책본부가 세운 스케줄을 소화하기만도 힘겹다. 선거기간중에 새삼스럽게 뭔가 새로운 일을 시작한들 그다지 효과를 기대하기 어렵다.

후보자는 유력한 지원자와 스스로를 지탱하는 기축조직(基軸組織)과 충분한 사전준비를 진행해야 하는 것이다.

대책본부는 빨리 만들수록 좋다. 그러나 후보자가 대책본부를 만드는 데 있어서 먼저 해결해 두지 않으면 안될 것이 선거자금 문제이다.

후보자가 부담할 수 있는 금액과 기대할 수 있는 찬조금과 빚을 얻을 수 있는 액수도 모두 밝히고 유력자나 기축조직과는 모자라는 몫에 대해서 솔직하게 의논하도록 한다.

선거자금에 관해서는 후보자에게 있어서 크나 큰 고민거리다. 기대할 수 있는 찬조도 선거기간이 되지 않으면 도무지 모아지지 않는다. 사전운동의 비용은 후보자 자신의 부담과 빚으로 충당되는 것이 보통이다.

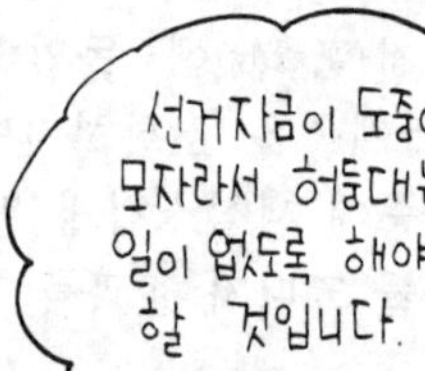

선거대책본부를 만드는 데 있어서 임원 인사는 모든 것을 좌우한다.

후보자는 무슨 일이든 유력자 및 기축 조직과 의논하고, 대책본부 구성을 신중하고 신속하게 하도록 한다.

지원단체에 지원을 의뢰할 때는 그 지원단체의 조직 인원이나 구성멤버의 특징·목적·성격 등에 유의하고 무엇을 기대할 수 있는가 하는 관점에서 의논하는 것이 좋다.

저마다의 지원단체의 강점을 살린 지원을 부탁하는 것이 결과적으로는 최대한의 지원을 받게 되는 것이다.

우선 대책본부 요원을 보내주도록 부탁하는 것이다.

대책본부와 지원단체 사이의 의사소통을 위해서 요원요청이 필요하며 이것이 효과적인 지원을 받을 수 있는 전제가 된다.

누가 대책본부 요원에 취임해 줄 것인지 그 이름을 알아 놓으면 더욱 좋다. 또한 어떤 지원을 받을 수 있는지 명확히 해 둘 필요가 있다.

인쇄물배부에 몇 사람 동원해 준다거나 자동차를 빌려준다거나 취사작업에 종사해 준다거나, 지원의 구체적인 내용을 밝히는 것이다.

다시 지지자의 확대를 위해 명부를 얻어내는 일이다. 지원단체의 구성멤버 명단은 물론 선거구에 사는 구성멤버의 친구, 아는 사람 명단도 제출해 달라고 하는 것이다.

어떤 정당의 후보자에게도 꼭 개인적인 지지가 있는 법이다. 후원회나 지원단체를 통해서 그런 개인표를 일찍부터 굳혀두는 것은 당선을 위한 기반이 된다.

개인적인 지지자에게는 늦어도 후보등록 전까지 지지를 다짐받아 두는 것이 필요하다.

후보자의 눈으로 실제로 지지자의 얼굴을 보고 이사람은 이번 선거에서 협력해줄 것인가 아닌가를 후보 자신이 확인하는 것이 중요하다.
협력
비협력
지원단체의 요원에게도 함께 가주도록 하는것은 물론입니다.

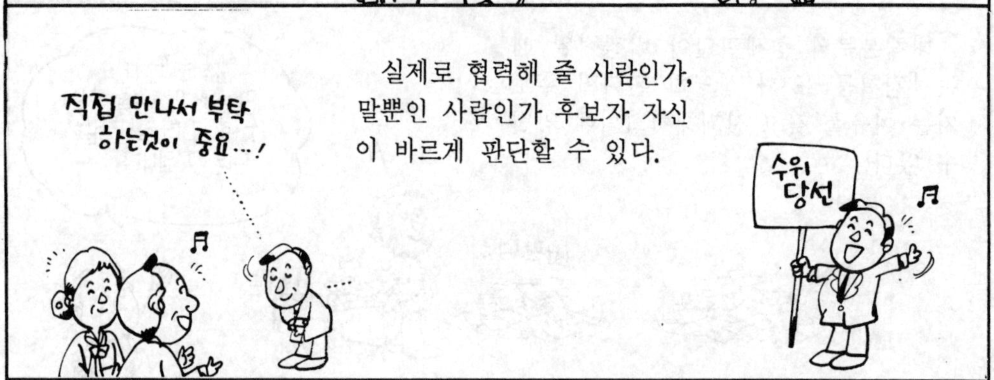
실제로 협력해 줄 사람인가, 말뿐인 사람인가 후보자 자신이 바르게 판단할 수 있다.
직접 만나서 부탁 하는것이 중요…!
수위 당선

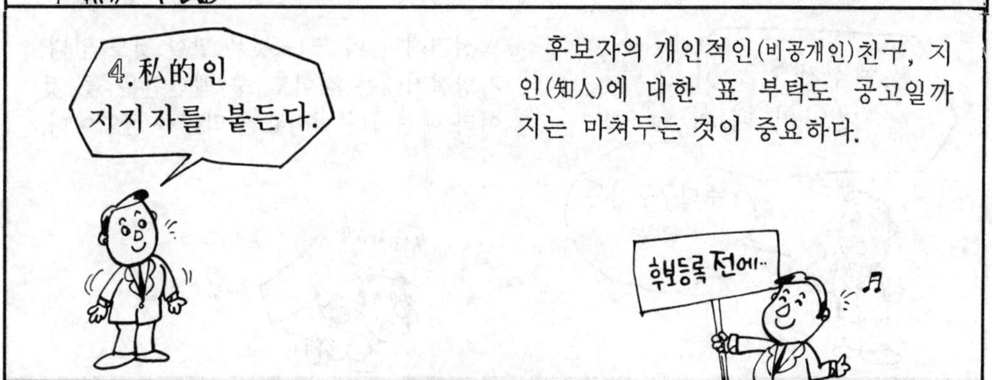
4. 私的인 지지자를 붙든다.
후보자의 개인적인(비공개인)친구, 지인(知人)에 대한 표 부탁도 공고일까지는 마쳐두는 것이 중요하다.
후보등록 전에…

함께 지냈거나, 술 친구, 스포츠 취미를 통해 아는 사이란 누구에게나 있는 법이다.
선거에 관한 협력이나 표 부탁은 할 수가 있습니다.
부탁…

이러한 개인적이고 은밀한 표를 보통 「감춰둔 표」라고 하지만 후보자는 이 「감춰둔 표」도 항상 염두해 두고 선거에 임해야 한다.

대책본부의 정세판단이 비관적일 때는 「감춰둔 표」가 상당히 된다면 후보자는 여유를 갖고 선거대책회의에 임할 수 있다.

5. 예산세우는 법 ·경비의 배당

선거에 돈이 드는 것은 말할 것도 없다. 지방선거에는 적어도 수 백만원은 들 것이라 예견되니 어찌됐건 막대한 금액이다.

선거자금은 한도가 있기 때문에 똑바로 예산을 세우고 유효하게 쓰지 않으면 안된다. 아무리 자금이 넉넉한 후보자라도 흐르는 물처럼 마구 쓸 수는 없는 일이다.

선거예산은 필요경비·특별경비·예비비로 나누고 대체로 6:3:1의 비율로 세운다.

① 필요경비 - 선거스케줄에 들어 갈 선거운동에 필요한 경비

- ·사무임대비
- ·통신비
- ·선전비
- ·행동비
- ·사무비
- ·인건비
- ·식사대
- ·공탁금

② 특별경비 - 상담을 위한 회합이나 위로를 위한 음식대 등 기타 특별활동을 위한 비용

③ 예비비 - 뜻하지 않은 지출이나 긴급을 요하는 비용

6. 情勢를 판단하는 기준

선거전에 돌입하면서 선거운동의 단계를 정하고, 단계마다 선거정세를 바르게 판단하여 올바른 운동방침을 제시해 갈 필요가 있다.

선거협력이나 투표의뢰를 부탁한 유권자의 명단은 목표획득의 4~5배는 필요하다. 적어도 3배의 명단이 모아지지 않으면 당선은 어림도 없다.

선거정세를 판단하는 제2의 포인트는 개인접촉에 따른 것이다. 명단을 토대로 한 개인접촉으로 한 사람씩 표시를 하고 분류·집계해서 판단하면 된다.

부부가 틀림없이 표를 줄 것이라고 믿어질 때는 ◎, 부부 가운데 어느 한쪽이 확실하다는 경우에는 ○, 아직 표를 줄지 어떨지 모르는 때는 △, 후보자에게 표를 줄 가능성이 없는 경우에는 ×, 4개 등급으로 나눈다.

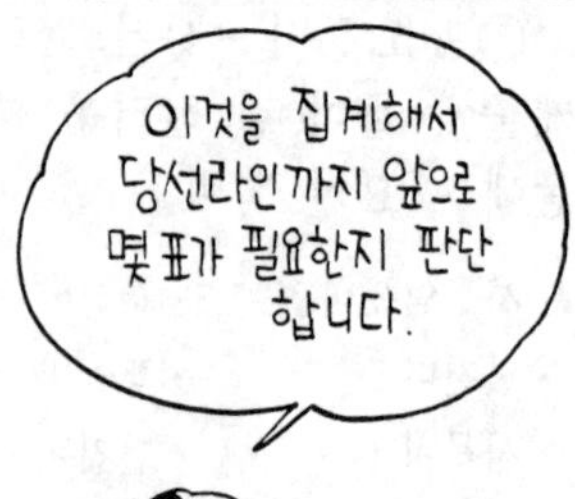

이 채점결과가 선거운동의 중점을 어디에 둘 것이므로 결정하는 것으로 절대로 정확한 채점이 필요하다는 것을 운동원들에게 이해시키도록 하지 않으면 안된다.

◎나 ○인 사람이 많고 그것만으로 당선라인에 도달해 있으면 여유 있는 선거전을 전개할 수 있다. △인 사람이 많을 때는 더욱 허리띠를 졸라매고 뛰지 않으면 안될 것이다.

운동원이나 사무원, 노무원의 일거수 일투족은 유권자의 대응을 정확히 반영하고 있는 것이다.

후보자나 대책본부 임원은 이러한 하나하나의 움직임을 주의깊게 보고 선거정세를 판단해 갈 필요가 있다.

또 남의 진영과 비교하는 것도 중요한 일일 것이다. 포스터 붙이기나 운동원의 움직임이라든가 선거사무소에 출입하는 사람이라든가 또는 지원단체의 수를 보아서 판단하면 된다.

선거스케줄과 계획에 따라서 운동목표를 제대로 소화해가고 있는지 어떤지, 실제 행동에 따르고 있는지 어떤지를 판단하지 않으면 안된다.

선거정세를 판단하는 데는 단계 마다에서 이러한 네 가지 포인트를 짚어가며 다시 한번 선거운동 전체를 움직여 간다.

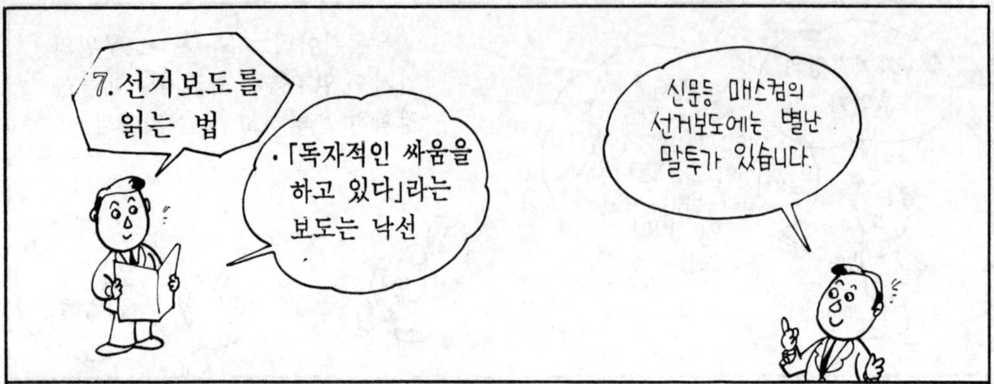

예를 들면,「○○○후보는 유리한 싸움을 전개하고 있다」라고 썼을 때는 그것은 당선이 틀림 없다는 것이다. 또「당락 선상에 있다」는 기사면 좀 더 분발하면 당선할 수 있다는 것이고,「급박」하다는 표현을 썼을 때는 꽤 힘겹다는 말이 된다. 다시「독자적인 싸움을 벌이고 있다」라는 것은 낙선한다는 것을 뜻한다.

선거보도는 신문 각 사(各社)의 독자적인 3일전쯤의 여론조사를 토대로 하고 있는 것이다. 선거정세는 시시각각 변하기 때문에 이 점을 착각하지 말아야 한다.

유권자를 비롯해서 운동원은 이러한 선거 보도에 남달리 강한 관심을 갖고 있는 것을 당연한 사실이다.

매스컴의 선거보도는 유권자의 투표행동을 크게 좌우하기 때문에 어떤 종류의 여론 조작을 하는 측면이 있기 때문이다.

사실상 여러 차례 선거를 치뤄 본 의원은 대개 「매스컴의 선거보도는 폭력이다」라고 화를 내는 일이 많다.

매스컴의 선거보도로 낙선하거나 또는 낙선하지는 않았더라도 선거운동에 브레이크가 걸린 것을 실감한 경험은 모두가 다 있을 것이다.

「절대 당선」「톱 당선」하고 써 내보내면 확실히 표는 도망쳐 버리게 되고, 「앞으로 한 발」「당선권에 조금만 더」라고 적혀나오면 표는 모여들기 때문이다.

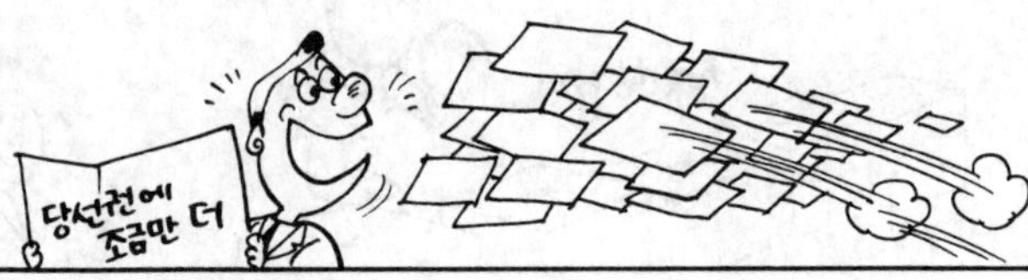

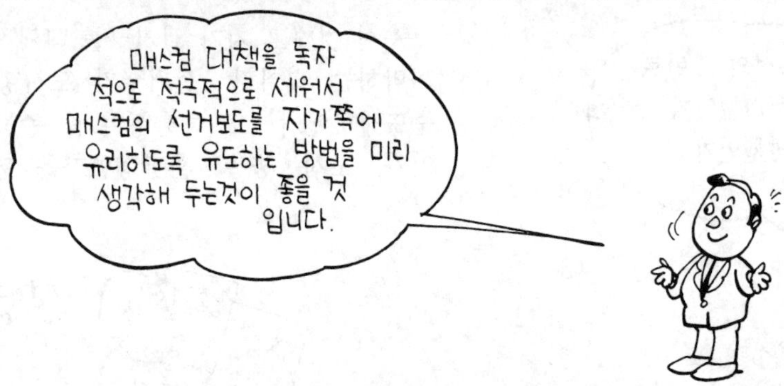

Ⅲ. 득표전략 ① — 정보전략

1. 과거의 선거 분석

최고득표로 당선된 의원의 힘의 원천은 무엇이었나, 전번보다 특표수가 늘어난 의원은 어떤 정책을 호소했나, 표가 떨어진 까닭은 무엇인가, 과거의 선거를 철저하게 분석해 본다면 저절로 이런 것이 밝혀진다.

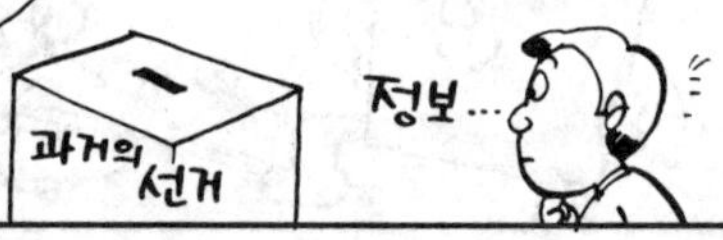

선거구에 사는 유권자의 환경이나 의식이 크게 달라지는 일은 많지 않다. 그 선거구의 표의 움직임에는 꼭 그나름의 법칙성이 있기 때문에 그 법칙성에 따라서 선거운동을 하면 된다.

우선 첫째로 자기 선거구를 대체적으로 파악하는 것이다. 선거구가 도시형인가, 준도시형인가, 또 농촌형인가, 준농촌형인가, 도시 · 농촌 · 혼합형인가를 분류한다.

둘째로 선거구의 실태를 파악하는 일이다. 선거구의 실태란 거기에 어떤 계층의 사람이 많은가, 상가인가, 주택가인가, 단독주택지역인가, 아파트나 맨숀이 많은 지역인가 등 그 선거구의 특징을 찾아 낼 필요가 있다.

셋째로 선거구의 표가 어떻게 나오는지를 살펴보는 일이다. 개인표에 몰려 있는 지역인가, 부동표가 많은 지역인가, 또는 몇 사람인가의 후보자의 표발이 되고 있는 지역인가 등.

넷째로 선거구 주민의 요구가 무엇인지 파악할 일이다. 선거구 전체의 공통적인 요구사항은 무엇인가, 개별적인 요구사항은 무엇인가 등 주민의 목소리에는 공손하게 귀를 기울이고 사소한 것이라도 모두 알아두지 않으면 안된다.

다섯째로 선거구의 주민의식을 알아 내도록 한다. 여당에 가까운 의식이 강한 지역인가, 야당적인 기풍이 짙은 지역인가, 대세에 밀리기 쉬운 지역인가 등 주민의식도 지역에 따라 각양각색이다.

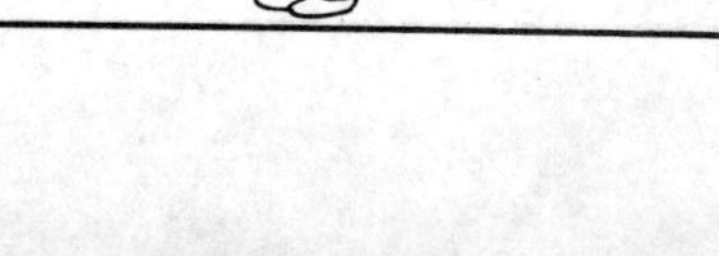

과거의 선거를 이러한 다섯가지 포인트로 분석하고 투표율 · 득표율 · 유권자 총수의 추이나 세상 움직임 등을 가미해서 종합적으로 판단해 간다.

이때 특표율은 유권자 수를 기준으로 하는 절대특표율로 보면 기권이나 무효숫자를 알 수 있을 뿐만 아니라 참된 의미에서의 후보자의 역량을 알 수 있다.

유효투표수를 기준으로 하는 상대득표율로 하면 투표율에서 숫자가 크게 변해버려서 정확한 분석이 나오기 어렵다.

과거 선거의 분석은 무작위로 추출한 주민에게 앙케이트 조사를 한다거나 또는 5명~10명의 좌담회를 여러차례 열어서 주민의 목소리를 직접 듣는 등 여러가지 방법이 있다.

운동원이나 지지자는 후보자를 당선시키기 위해 힘을 다하고 있다. 따라서 후보자는 운동원이나 지지자에게 완전한 신뢰를 보내야 한다.

투표일이 임박해 오면 아무래도 후보자는 마음이 초조해진다. 그러나 절대로 운동원을 나무라거나 호통치는 일이 있어서는 안된다.

많은 사람이 도와주다 보면 잘못이나 실수도 많아진다. 그 중에는 익숙치 못한 사람도 있을 것이다. 잘못은 누구에게나 있기 마련이다. 처음부터 숙련된 사람은 없는 법이다.

「운동원이나 지지자를 절대 신뢰한다」를 신조로, 잘못이나 실수에 대처해 가는 것이다.

후보자가 신뢰하면 거기에 보답하려고 운동원도 지지자도 필사적으로 뛰는 것이다. 신뢰야말로 선거운동을 해 나가는 유대가 되는 것이다.

후보자가 일일히 지시를 하게 되면 반드시 트러블이 생긴다. 후보자는 사전에 타협한 일만을 열심히 해야 한다.

「지지자의 주변뿐만 아니라 전혀 새로운 지지자를 획득해 간다.」 이것은 말하기는 쉬워도 실행 하기는 어렵다. 그러나 손쉬운 방법도 있다. 아침서기·저녁서기라는 것이다.

아침서기·저녁서기란, 지역주민의 아침 출근 때와 저녁 귀가시에 사람 통행이 많은 역전이나 상가, 아파트단지의 입구 등에서 후보자가 인사를 하는 것이다.

걸어가는 사람 한 사람 한 사람에게 말을 걸듯 정중하게 인사하는 것이다. 멈춰서서 들어 주지 않더라도 뜻밖의 많은 사람이 귀를 기울여 준다.

후보자는 자신의 성(城)을 철저히 쌓아 「저 성은 도저히 공략할 수가 없다」고 다른 후보들이 생각토록 하는 것이다.

아뭏든 내 고장은 후보자의 힘의 원천이라고 할 것이다. 내 고장 주민의 의도나 동향을 아는 것으로 선거민 전체의 그것을 알 수 있는 것이다. 내 고장 주민 가운데서 강력한 지지자가 나타나는 법이다.

단결과 세력을 과시하는 이러한 행동은 지역구를 잡아 조이는 절대적인 효과를 올릴 것이다. 지반을 굳히면 그만큼 다른 후보에게 커다란 위협이 될 것이다.

5. 다른 후보자의 표를…

지반을 튼튼하게 굳혔으면 다른 후보의 지반에도 적극적으로 밀고 들어가서 표를 획득한다. 그야말로 뺏어 온다.

선거는 전쟁이기 때문에 주저하고 있다가는 이기지 못한다.

중요한 것은 약한 후보는 철저하게 밀치고 들어가는 것이다. 표를 얻을 가능성이 있는 곳부터 줄기차게 밀어 붙여야 한다.

또 강한 후보에게도 다른 후보와 연합해서 쥐고 흔들고 덤벼든다.

다른 후보의 지반에서 표를 얻어내는 것은 2배의 효과가 있다. 하면 할수록 자기 당선의 확률이 올라가는 것이다.

6. 선거대책본부 사무실에서 식사를 할 것

「같은 솥의 밥을 먹고 있다.」 이것은 동서고금을 통해서 단단한 유대를 갖게 하는 것이다.

무엇보다도 식사하는 자리에 후보자가 있으면 운동원도 후보자에게 한층 다정스러움과 친근감을 느낄 수가 있다.

식사를 함께 하면서 운동원 한 사람 한 사람의 이름과 낯을 익히고 다정스레 말을 걸도록 한다. 아무리 선거 운동이 핀치에 빠져 들더라도,

후보자가 유연하게 버티고 운동원의 수고에 솔직하게 감사하고 있으면「이 사람을 위해서라면…」하고 운동원은 더욱 분발할 것이다.

Ⅳ. 득표전략 ②－ 이미지 작전

1. 캐치프레이즈를 만든다.

캐치프레이즈는 정치가의 세일즈 포인트를 정확하게 나타내는 것으로 만들면, 정치자세나 신조가 그만큼 스모스하게 유권자에게 받아들여진다.

지방의원도 정확한 표어를 만들어서 유권자에게 호소하면 그만큼 효과적인 것이 된다.

정치표어는 후보자의 정치목표나 자세·개성과 꼭 들어 맞는 것을 만들 필요가 있다.

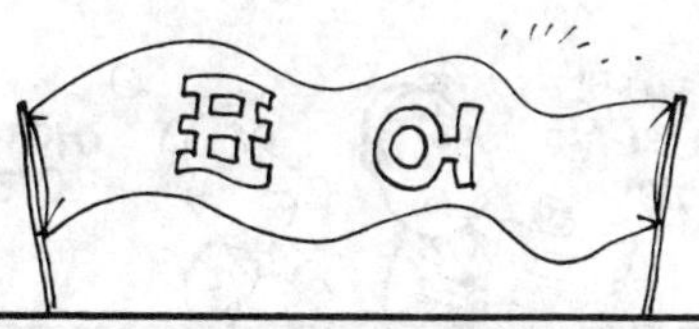

지방선거에 어울리는 정치표어의 몇 가지를 예로 들어 보기로 하자. 「인간의 정을 느낄 수 있는 행정(行政)을」「주민을 본위로 한 시정(市政)을」「여성의 소리를 반영 시키기 위해」「시정(市政)에 새로운 도전을」이 밖에도 정치표어는 얼마든지 생각할 수가 있다.

선전벽보·선거공보와 소형인쇄물은 친근감있고 인상적이며 수준높게 만들어야 하며 허술한 것은 정말 곤란하다.

참고로 어떤 조사자료에 따르면, 유권자가 누구에게 투표할까 결정할 때 도움이 된 미디어로써 선거공보나 전단이 텔레비젼 다음으로 많았다고 한다.

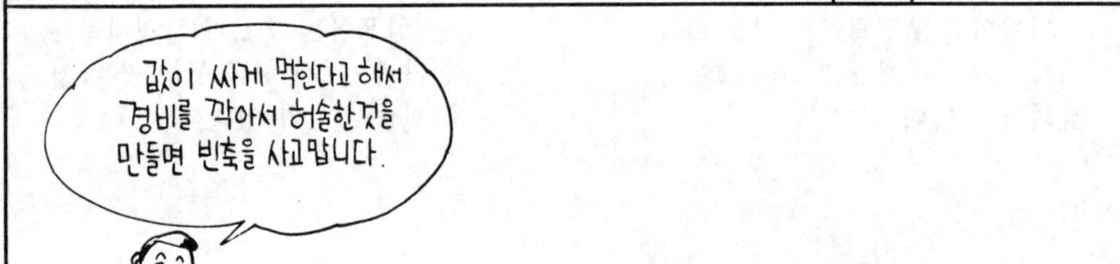

〈소형인쇄물 견본〉

선거운동에 발동이 걸리고 줄곧 추진력이 생겨나 그대로 줄달음쳐서 당선을 따낸 예는 얼마든지 있다.

단기결전이기 때문에 무드를 유지할 수 있느냐 없느냐는 당락의 가장 중요한 관건이라해도 좋을 것이다.

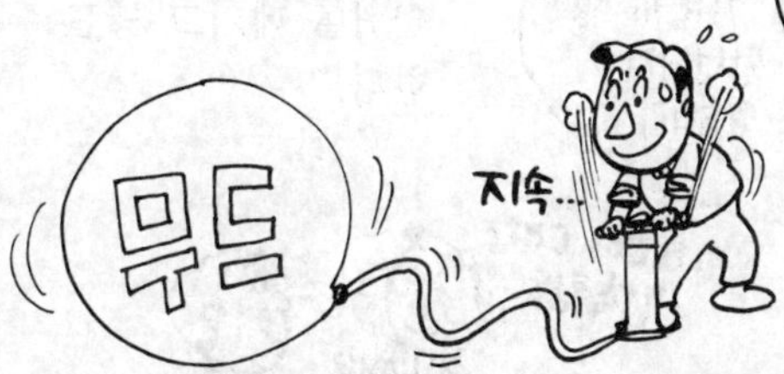

어떤 후보자는 선거 무드가 무르 익었을 때 「앞으로 한 발, 앞으로 또 한 발」하고 소리를 외쳐대여 운동권을 격려한다.

다음 날도 「앞으로 한 발 더」하고 큰 소리로 호소하고, 그 다음 날도 되풀이 호소해서 투표일까지 그 말을 되풀이하며 무르익은 무드를 마지막까지 이끌고 간다.

운동원도 그 무드에 완전히 실려서 120%의 힘을 짜내서 선거운동에 덤벼 들어 보기 좋게 당선을 따낼 것이다.

V. 득표전략 ③— 인해전술

유권자 한 사람 한 사람을 만나서 표를 부탁한다. 유권자의 표정이나 납득하는 태도로 순위를 메기고 득표 수를 추정한다.

운동원에게는 선거운동의 중핵을 걸머지고 있다는 것을 자각시키고 정력적으로 움직여 주도록 한다.

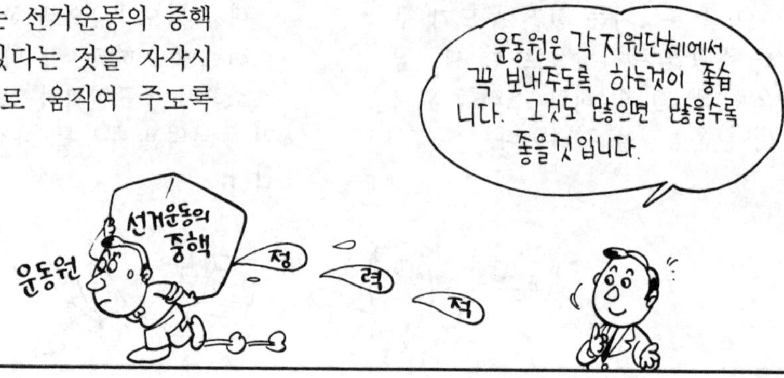

부모나 형제 자매·친삼촌·외삼촌·조카들도 되도록 동원하는 것이 좋다.

처가쪽인 장인 장모·처남·처형·동서들에게도 부탁하도록 한다.

선거운동의 마지막 날을 지내고 나면 모두 넋을 놓아 버리고 활동이 둔해지고 만다. 이래서는 마지막 조임이 느슨해진다.

투표일에 비가 오면 아무래도 투표율은 떨어지기 마련이다. 그런 때 마지막으로 전화로 부탁하여 꼭 투표에 참가하도록 권유해야 할 것이다.

선거운동 마지막 날, 대책본부 임원이나 운동원을 분발하도록 할 수 있는 것은 후보자 말고는 또 없다.

후보자는 선거운동 마지막 날부터 투표가 끝나기까지 그야말로 앞장서서 진두지휘하고 나서야 한다.

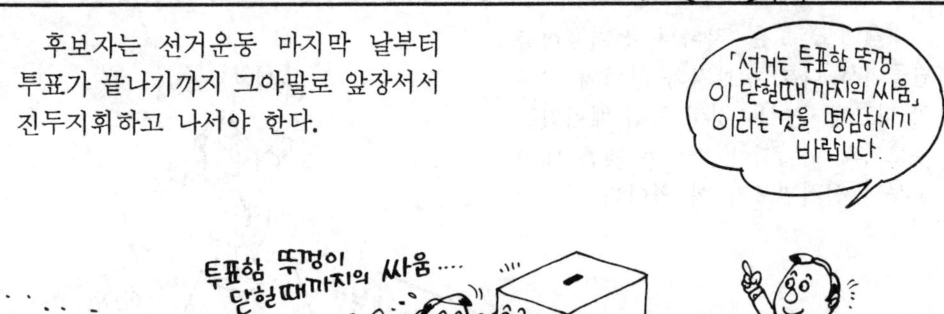

후보자의 행동거지, 이야기하는 법 등 선거에 관한 온갖 것에 대해서 전략전술을 세우고 지도하는 것을 생업으로 하고 있다.

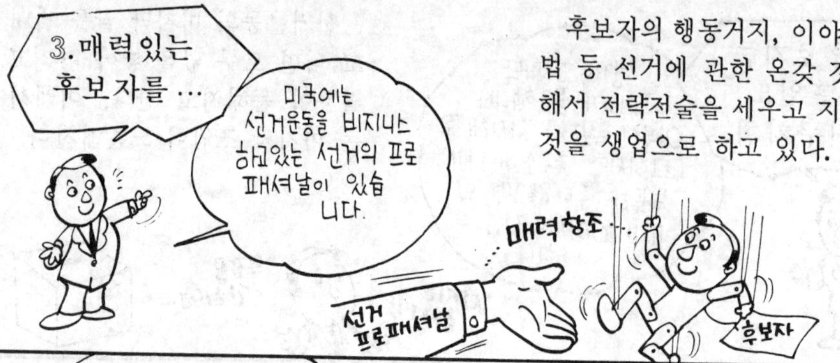

대책본부나 선거참모에게 있어서 후보자가 이렇다 할 매력이 모자랄 때 후보자를 매력있는 인물로 연출하는 것은 중요한 일이다.

약간 동작이 둔해 보이는 느낌이라면 경쾌하고 밝은 복장으로 한다든지, 너무 젊어 보일 때는 수염을 기르고 여유 있는 동작을 하게 한다든가 여러 가지 연출방법이 있다.

정책에도 노른 자위나 선거표어를 만들어서 다른 후보자와 무언가 확실히 다르게 꾸미는 것이 좋다. 매력있는 후보자의 이미지를 만드는 것은 대책본부나 선거참모가 할 일이다.

정치를 혼자서 한다는 것은 불가능하다. 그러나 정치가 자신이 정치전반에 걸쳐 잘 알아두어야 할 것이나, 그를 돕는 참모의 역할이 매우 중요하다 할 것이다.

참모가 필요하다고 해도 돈으로 고용하는 데는 한계가 있다. 역시 정치가의 이상이나 목표, 인격에 반한 사람이 아니면 좀처럼 참모로서의 역할을 해내지 못한다.

후보자는 평소부터 「이 사람이라면」하는 사람을 보아두고 아무렇지 않게 귀뜸하고 자기 참모로 길러가는 목적의식을 갖지 않으면 안된다.

한 사람이라도 뛰어난 사람이 참모가 되어 준다면 그것이 계기가 되어 많은 우수한 사람이 모여들게 된다. 참모로 탐이 났던 사람에게는 흉금을 털어놓고 솔직하게 도움을 청한다.

하고 믿게 되면 그 사람은 움직여 줄 것이다,

참모의 진가가 가장 돋보이는 것은 선거 때 말고는 다시 없다. 선거운동에서 브레인의 능력을 충분히 끌어내고 선거운동을 유리하게 전개할 일이다.

Ⅵ. 선거전략④ — 선거연설비법

— 정치인이란 일단 「차위(次位)」를 차지하면 일평생 2위를 벗어나기 힘들다. 「연설력 개발」은 이를 극복하는 요소이다.—

〈존 F. 케네디〉

선거연설을 자기의 정치철학과 신념·주의·주장을 선거공약 등과 함께 제시하여 유권자를 자기편으로 만들게 해야 하므로 어렵고 딱딱한 용어가 필요 없다.

주제에 유모어와 죠크를 적당히 사용해서 하면 청중과 유권자는 부담없이 가벼운 마음으로 들을 수 있어 좋은 분위기 속에서 연설을 할 수 있다.

그러나 이러한 것들은 선거연설 중 자기주장을 돕는 보충요소일 뿐 이러한 소개들이 연설의 주류를 이루게 해서는 안된다.

청중이나 유권자를 사로잡는 최강의 무기는 연설
논지가 뚜렷하고 선명하여 이 연설의 내용이 선거
투표일까지, 아니 영원히 유권자의 가슴에 살아있
어 두고두고 남아 있어야 한다.
뚜렷하고 선명한 연설논지……
유권자의 가슴에 살아 남아있는 내용

정치적 의식수준이 높은 선진국일지라도 유권자
의 60% 이상이 부동표이면서도 실제는 대량득표의
표밭이어서 이 부동표를 뺏느냐, 빼앗기느냐에 따
라서 당락이 판가름 난다는 극단적인 이야기가 선
거연설의 중요성을 말해 주고 있다.
뺏느냐
60%의 부동표
빼앗기느냐

대개 선거연설의 실패원인은, 연설의 주제가 입
후보자마다 판에 박은 듯 소속정당의 정강이나 선
거공약이나 타 당과 타 후보의 비방 등의 범주를
벗어나지 못 함에 있음이 명백하다.
실패
판에 박은듯 한 내용……
ㅋ…

다만
여기서 문제가
되는 것은,
「내가 국가와 민족을 위해서 할 수 있는 일은 무엇인가」
「지역주민이 참으로 원하고 있는 것은 무엇인가」
「우리가 당면한 현실타개의 묘방은 무엇인가」

「부지런하고 성실한 사람이 잘 살 수 있는 사회풍토를 나는 이렇게 만들어 보겠다」 등

현안문제든, 미래지향적인 문제든 간에 연설의 초점을 제시하여 이의 과학적인 해결책을 구하는 답을 청중에게 주어야 한다.

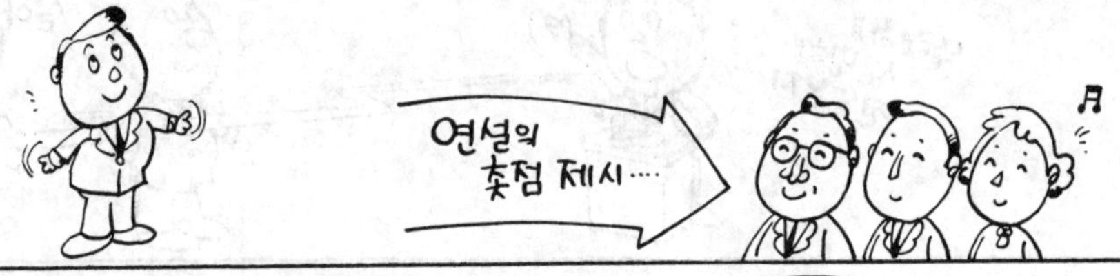

첫째, 그 지역의 찬양, 즉 그 지역 산천의 이름을 거론하고 그 지역 출신 인물의 인용, 그 지역 특산물의 칭찬 등으로 시작하여,

둘째, 연사자신에 관한 죠크, 연사자신과 그 지역과 연결을 한 후 본론에 들어간다.

첫째, 국가나 그 지역이 필요로 하는 것은 무엇인가.

둘째, 현재의 문제점들은 무엇인가.

셋째, 우리의 위기는 무엇인가.

넷째, 우리의 목표에 대한 이상적 해결책은 무엇인가.

다섯째. 우리에게 찬스는 있는가 그 찬스를 만드는 자는 누구인가 등으로 이어진다.

첫째, 연설자가 갖추어야 할 자세 가운데 가장 중요한 항목으로 지적되는 것이 "호감"이다. 아무리 옳은 말을 하더라도 듣는 사람에게 악감을 불러 일으켜서는 안된다.

따라서, 겸손한 태도·친근감 있는 차림새·분위기에 어울리는 표정 등이 중요하다.

즉, 후보자는 유권자들의 감정을 불쾌하게 하지 않으면서도 도발하지 않고 할 말을 다 하는데에 그 요점이 있다.

즉, 연설할 때에 몸짓이나 발성·목소리 등의 연기력이다. 때에 따라서는 오버 액션도 필요하다. 이들은 연설 내용을 보강해 주고 유권자들에게 후보자의 강력한 이미지를 심는데 효과적이다.

당황하지 않고 위풍당당하게 청중을 압도할 수 있는 태도로 여유있게 연설할 수 있어야만 비로소 설득력과 호소력을 가질 수 있는 것이다.

후보자가 그렇지 못한 태도를 보일 때 청중은 주위가 산만해져 결국은 연설이 겉돌고 만다.

선거연설에서 무엇보다 중요한 것은 사람들로부터 애정을 불러 일으키는 일이다. 후보자와 선거구민이 애정으로 연결되어 있다면 승리는 이미 결정난 것이다.

능숙한 후보자는 연설도중에 연설장소에 참석한 덕망있는 지지자의 이름도 때때로 지적해 가면서 연설을 계속한다.

이 경우 듣고 있는 상대방은 이와 같이 자기에게 관심을 쏟고 있구나 하고 감격해서 저 사람을 위해서 더욱 뛰어줘야 되지 않겠는가 하고 생각하게 된다.

① 외관 및 복장

단정하고 말쑥하게 하여 적어도 연설 전의 외모에서 마이너스적 요소는 없어야 한다. 정장을 하는 것이 무난하다.

② 입장 및 퇴장

입후보자의 연설은 출마자의 얼굴을 유권자 앞에 드러낼 때부터 시작된다고 보아야 한다.

출마자가 유권자 앞에 최초로 몸을 드러내는 순간에 유권자는 출마자에 대한 첫 인상을 마음에 새겨두는 것이다.

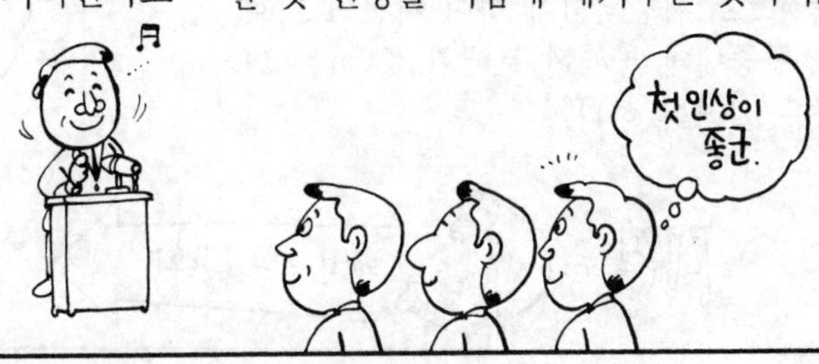

빠른 걸음으로 연단을 향한다거나, 불안한 자세를 취하면서 연단으로 걸어나온다거나, 관심이 없는 듯이 거드름을 피우면서 걸어나온다든가, 원고를 둘둘 말아서 나온다든가 해서는 안된다.

자신(自信)과 용기와 겸손과 주의력으로 단정한 몸가짐과 얼굴표정으로 연단의 국기에 경의를 표하고 난 다음, 천천히 연단 앞으로 가서 마이크를 자기에 맞게 조정한 다음 준비한 원고를 놓고 청중에게 정중하게 인사를 하고 연설을 시작한다. 또한, 연설을 끝내고 곧바로 인사하지 말고 잠시 청중의 태도를 살펴보면서 청중이 조용해졌을 때 종료인사를 하면 다시 한번 청중의 관심을 살 수 있다.

③ 제스처

선거연설에 있어서 제스처의 목적을 3가지로 분류할 수 있다.

첫째, 유권자로부터 관심을 사기 위하여,
둘째, 목적하는 바를 표현하기 위하여,
셋째, 의도 및 표현을 강조하기 위하여

④ 시선배치: 시선은 제2의 대화

출마자의 시선은 청중에 대한 관심의 상징으로 사용되어야 하며 시선의 기회를 청중에게 공평히 분배할 줄 아는 역량을 길러야 한다.

⑤ 안면 표정

제스처 사용이 점차 간소화되어 가고 있는 것이 현대연설의 특징이라면 안면 표정의 사용 면적은 점차 확대되어 가고 있다.

그러나 안면표현 영역은 제스처에 비하면 훨씬 좁기 때문에 안면활동은 섬세하고도 정확하게 표현하도록 하여야 하고 몸의 각도와 청중의 시야가 일치되도록 시각의 공평화를 기하도록 노력하여야 한다.

⑥ 음성

음성의 기능은 음질·고저음·강약음·속도·성량·유절음·발음 등으로 분류할 수 있는데 이러한 음성체제를 개발하지 않으면 아무리 능숙한 연설가라도 시각대 청각의 불균형을 초래해 청중 설득이 어렵다.

ⓘ 모든 글을 소리내어 읽는 습관을 갖도록 한다.

ⓘⓘ 어려운 발음을 반복훈련 함으로써 안면 근육운동의 장애를 극복한다.

ⓘⓘⓘ ⓘ ⓘⓘ번의 훈련을 하는 동안 입을 자주 하품하는 식으로 벌리면서 세개의 손가락이 자연스럽게 입을 들락날락 할 수 있도록 연습한다.

ⓘⓥ 혀는 최대한 입 밖으로 내놓는 동작을 빠른 속도로 반복한다.

ⓥ "아"소리로 큰 한숨을 내쉬어 저음에 이르렀을 때 그 음을 중심으로 발음하기 어려운 글을 읽는 연습을 한다

⑦ 말의 속도

연설속도는 음성을 생산하거나 생산된 음성들을 연결하는 속도와 연설내용을 공급하는 속도로 분류할 수 있다.

연설속도를 조절할 수 있는 능력을 갖추어서 초보적인 연설과정을 마쳤다고 평가받을 만큼 적당한 연설속도를 유지한다는 것은 쉬운 일이 아니다.

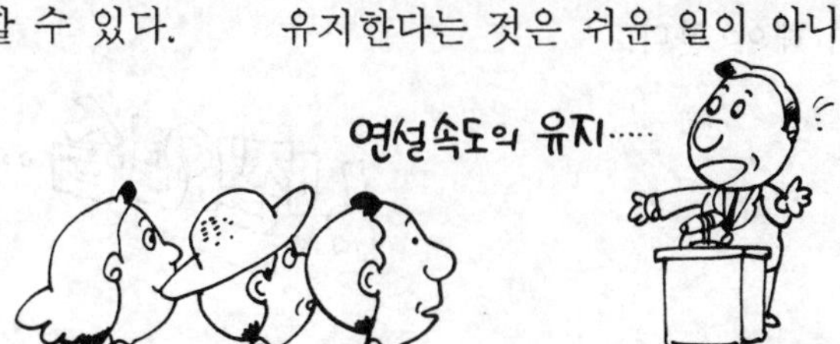

따라서 고조된 감정을 표현하는 연설은 빠르게, 청중의 수가 많고 연설장 주위의 소음이나 장내의 잡음 등이 증가될수록 연설음의 자음 비율이 많을수록 느리게 발음하여야 한다.

2) 연설문 작성은 이렇게 한다.

자료수집이 끝나고 중심사상이 정리되면 하나의 연설로서 형태를 갖추도록 하는 작업이 원고의 작성이다. 연단에 서서 원고없이 연설을 하더라도 일단 원고를 작성하는 습관을 가져야 훌륭한 연설가가 될 수 있다.

특히 선거연설은 유권자의 청각을 통한 판단력에 호소할 뿐만 아니라 그 정서와 욕구를 자극하며 감동케 하지 않으면 안된다.

그러므로 원고에 적힌 요점을 자기의 언어에 의해서 표현되도록 실제연설에서는 요점 메모로 임기응변화해서 중심논제에 따라 연설하도록 사전연습을 많이 해야 한다.

원고를 작성하는 데 있어서 고려할 점은 유권자의 환경과 당면한 욕구들, 유권자의 사상을 역사적, 지리적으로 분석하여 유머와 예화 인용 등을 첨삭하여 〈서론 - 도입, 본론 - 전개, 결론 - 정리〉로 이루어 지도록 원고를 작성해야 한다.

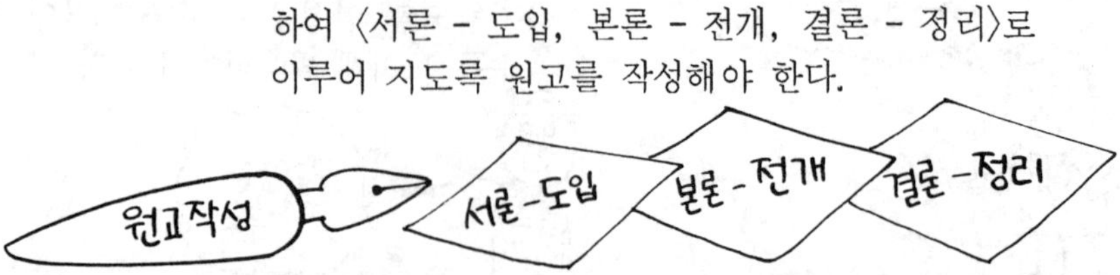

① 선거구와 선거구민에 대한 지리, 풍습, 언어, 생활상태, 지역구민의 특별한 감정과 욕구 등의 자료를 체계적으로 분류하여 작성한다.

② 말할 장소, 시간제한, 청중의 수를 예상하고 작성해야 한다.

③ 수사법을 잘 활용하여 원고를 작성한다.

④ 쉬운 말과 어감이 좋은 말, 어법에 맞는 말을 사용하여야 한다.

⑤ 말의 신빙성을 위하여 자료를 제시할 때에는 년·월·일·무슨사고로 사망자 ○명 등으로 숫자를 확실히 제시하여야 한다.

⑥ 인용자, 유모어, 질문 등을 적절히 배치하여야 한다. 후보자의 확신과 신념을 내보일 수 있는 용어를 열성적으로 사용하도록 한다.

⑦ 제2의 연설내용을 늘 준비한다. 만일 앞의 후보자가 자기의 주제와 비슷한 내용이나 상반된 내용을 말할 때가 있다.

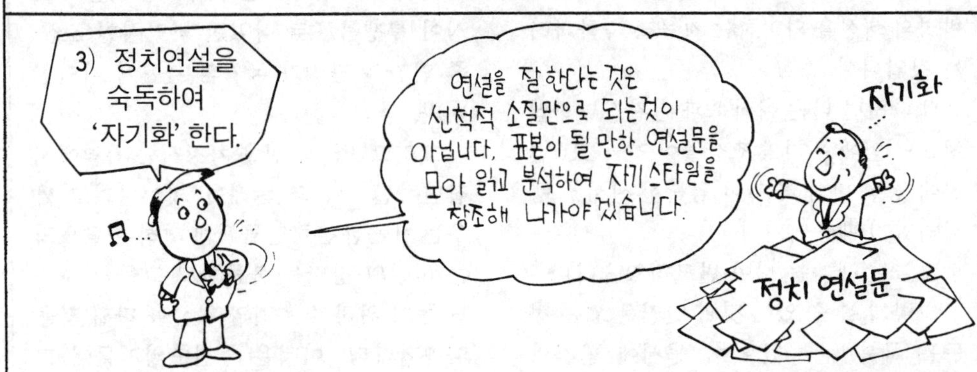

뉴프런티어(new frontier)의 케치프레이즈로 당선된 그를 유명한 웅변가로 만든 이 연설의 내용은 정치연설의 참고로 많이 인용되어지고 있다.

무엇보다도 이 연설의 특징은 미국민, 더 나아가 자유세계 국민들에게 "무언가 확신을 심어주고 있다"는 점과 문장의 힘을 특징으로 지적할 수 있다.

〈미국 제35대 대통령 취임사〉

J. F. Kennedy. (1961. 1. 20)

국민 여러분!

오늘 우리는 정당의 승리를 축하하는 것이 아니라 시작하면서 결말을 상징하며 변화와 쇄신을 의미하는 자유를 축하하려는 것입니다.

왜냐하면 나는 여러분과 전지전능하신 하느님 앞에 우리의 조상들이 거의 210년 전에 정한 바와 꼭 같이 엄숙한 선서로 맹세하였기 때문입니다.

오늘날 세계는 많이 변모하였습니다.

그렇게 볼 수 있는 것이 인간은 모든 빈곤을 극복할 수 있으며, 동시에 인간의 생명을 완전히 없애 버릴 수도 있는 힘을 가지게 되었기 때문입니다.

이러한 사실에도 불구하고 우리들의 조상이 투쟁목표로 삼았던 혁명적인 소신, 즉 인간의 권리가 국가의 관용에 기인합니다.

그리고 지구의 반을 차지하는 지역에서 집단적인 빈곤의 굴레를 벗어나려고 싸우는 빈곤한 촌락민들에게 대하여 필요되는 시일의 장단을 불문하고 그들의 자조를 돕기 위하여 우리의 최선을 다할 것을 약속합니다. 이것은 공산주의자들이 그들을 원조하고 있기 때문이 아니며, 또 피원조민들의 지지를 얻으려 하기 때문도 아닙니다.

다만,그렇게 하는 것이 정당한 일이기 때문입니다. 만약에 자유사회가 빈곤한 다수를 돕지 못한다면 그것은 결코 부유한 소수를 구할 수 없습니다.

우리의 경계선 남쪽의 자매 공화국에 대하여 우리의 우정을 행동으로 옮김으로써 발전을 위한 새로운 제휴하에 빈곤을 철퇴할 수 있게끔 자유민과 자유정부들을 원조할 것을 특히 공약하는 바입니다.

그러나 희망에 찬 이 평화적 혁명은 적성국가들의 희생물이 될 수는 없습니다. 우리는 우리의 모든 인접 국가들에게 우리가 미국의 어느 곳을 막론하고 침략과 정복에 대항하기 위하여 그들과 합세하는 것을 알게 하여야 합니다.

그리고 세계 만방에서 이 서반구가 미국인의 서반구로 남아있게 될 것임을 알려 주어야 합니다.

전쟁도구의 발달이 평화도구의 발달보다 그 속도가 빠른 현시대에 우리의 최종적이며 최선의 희망인 주권국가의 세계적 집합체, UN에 대하여 우리는 우리의 지지를 새로이 하고 그것이 단순한 독선으로 화하는 것을 방지하며 신생국가와 약소국가의 방패로서 그의 힘을 강화하고 또한 그의 법적 영향력이 미치는 지역을 확대할 것을 서약합니다.

우리에게 대적하는 국가에게 우리는 우리의 서약이 아니라 다음과 같은 요구를 하는 것입니다. 즉 쌍방은 지구의 파괴를 마련할 것이 아니라 그것을 신으로부터 받은 것이라는 소신을 지켜나가도록 노력해야 하는 것이 오늘날 세계 도처에서 아직도 문제되고 있는 것입니다. 우리는 우리들이 그와 같은 첫 혁명의 후예라는 것을 잊어서는 안될 것입니다.

이와같은 혁명이 새로운 세대의 미국사람은 근세기 중에 태어나 전쟁의 단련과 더불어 차디차고 쓰디쓴 평화의 시련을 받았고 조상 때부터 전해온 유업을 자랑으로 삼는 세대, 그리고 미국이 언제나 표방하여 왔고 또한 오늘날에도 표방하고 있는 인권이 서서히 파멸되는 것을 목도하거나 용서하지 않으려는 새로운 세대의 손에 넘어 왔다는 것을 이 순간에 이 자리에서 우리들의 친구와 적에게 선언하려는 것입니다.

미국에 우호적이든 적대적이든 모든 국가들로 하여금 미국이 자유의 보장과 성공을 보전하기 위하여 어떠한 친구라도 지원할 것이며, 그리고 어떠한 적과도 대결할 것이라는 것을 알도록 하여 주어야 할 것입니다.

미국에 우호적이든 적대적이든 모든 국가들로 하여금 미국이 자유의 보장과 성공을 보전하기 위하여 어떠한 친구라도 지원할 것이며, 그리고 어떠한 적과도 대결할 것을 알도록 하여 주어야 할 것입니다.

우리는 이것을 서약합니다. 그리고 우리의 문화적 정신적 조상을 같이하는 오랜 맹방들에게는 신뢰하는 친구로서의 의리를 다 할 것을 약속하는 것입니다.

우리가 서로 단결한다면 협조로 이루어야 할 많은 모험적인 새로운 과업에 당면하면 불가능한 일이 거의 없을 것입니다. 또한 자유 세계의 대열에 끼이도록 우리의 환영을 받고 있는 신생 독립국가에 대하여 한가지 형태로 대치되는 것을 간과

하지 않을 것을 우리는 언약합니다. 물론 그 국가들이 항상 우리들의 모든 이념을 지지하리라고는 믿을 수 없으나 그네들 자신이 스스로 자기들의 자유를 굳게 수호하며 또한 과거에 보였던 바와같이 호랑이를 타고 위기를 얻으려다 자신도 모르게 결국 호랑이의 밥이 되었다는 점을 기억해 주기를 항상 바라는 것입니다.

교두보가 만들어진다면 쌍방은 다음 과제에 착수해야 할 것입니다.

그 과제란 새로운 세력균형이 아니라 강자는 의롭고 약자는 안전하며 평화가 영원히 보장된 새로운 법의 세계를 창조하는 것입니다.

이 모든 과업은 앞으로 백날동안에 성취될 것도 아니며 천날이라도 안되며 현 정부의 임기말에도 안될 뿐 아니라 우리가 이땅에 살고 있는 동안에도 실현되지 않을지 모르는 것입니다. 그래도 우리는 시작해 봅시다.

국민 여러분!

우리의 코스의 최종적인 승패는 나보다도 여러분의 손에 의하여 보다 크게 좌우될 것입니다. 우리나라가 창건된 이래로 각 세대는 그때마다 국가에 대한 충성의 증거를 보이도록 요청되어 왔습니다. 이 호소에 응한 젊은 미국인의 무덤을 세계 도처에서 볼 수 있습니다.

지금 나팔소리는 또다시 우리들을 부르고 있습니다. 이것은 우리가 무기를 필요로 하되 무기 들고 일어서라는 것은 아닙니다만 인류의 공통된 적인 폭정·빈곤·질병, 그리고 전쟁을 없애기 위한 「희망에 넘치고 환란에 참으면서」여러 해 동안의 지구전을 감당해 달라는 부름입니다.

우리들은 모든 인류에게 보다 보람있는 삶을 보게 되도록 동서남북을 통해 전 세계적인 일대동맹을 결속하고 아까 말한 바와 같이 적을 대항하여 서서히 전진할 수 있을 것입니다. 그리고 여러분들은 이 역사적 과업에 참여하여야 합니다. 장구한 세계사에서 불과 몇 세대만이 최대 위험시대를 당하여 자신들의 자유를 수호할 수 있는 역할을 가질 수 있었습니다.

나는 이 책임에서 물러서지 않으며 오히려 이를 반겨서 맞아들이겠습니다. 어느 누구든지 다른 세계나 이 자리를 마의 과학에 의하여 계획적이든 우발적이든 전 세계를 병탐하여 자멸시키기 전에 평화 탐색의 노력을 새로이 시작해야 한다는 것입니다.

우리는 약점을 보임으로써 그들을 유혹해서는 안됩니다. 우리의 군비가 의심할 여지가 없는만큼 그들이 결코 도전해 오지 않을 것이라고 확언할 수 있습니다.

그러나 거대하고 강력한 두 국가와 군은 모두 그들이 취하고 있는 현 노선에 안심하지 못하고 있습니다. 즉, 두 진영은 현대무기의 비용으로 과중한 부담을 짊어지고 있으며 두 진영을 기용할 원자력의 계속적인 확대를 올바르게 염려하고 있으면서 인류의 마지막 전쟁을 억누르고 있는 우열이 확실하지 않는 힘의 균형을 자기쪽에 유리하게 하려고 경쟁하고 있습니다.

그러니까 우리들은 정중한 것이 약한 증거가 아니며, 진지성은 언제나 증명되어야 한다는 것을 서로 명심하면서 출발을 합시다.

양진영으로 하여금 우리들을 분열시키는 문제를 연구하게 합시다. 양 진영으로 하여금 무기의 통제와 감시에 관한 세밀한 제한을 하게 함으로써 타국을 파괴하려는 전제권력국가를 모든 국가의 안전한 감시하에 두게 합시다.

양 진영으로 하여금 공포 대신 과학의 신비를 탐색하는 데 합심하도록 합시다. 우리는 함께 우주를 탐색하고 황무지를 정복하고 질병을 제거하는 한편 해저를 탐색하고 예술과 통상을 장려합시다.

양 진영은 결속하여 세계도처에서 「무거운 짐을 벗어버리고…… 피압박 민족을 자유롭게 하라」는 이사야의 계명에 귀를 기울이게 합시다. 그리고 의심의 밀림속에 협조를 메꾸려 하지 않을 것을 믿읍시다. 우리가 이 과업에 기울이고 있는 정력과 신념, 그리고 공헌은 나와 이에 봉사하는 모든 사람의 전도를 밝혀줄 것이며, 이 길의 광명은 정녕코 전세계를 비쳐줄 수 있습니다.

국민 여러분!

그러기 때문에 「**나라가 여러분에게 무엇을 해줄 것인가를 묻지말고 여러분이 나라를 위하여 무슨 일을 할 수 있을까**」를 물어 주십시오.

전세계 인류 여러분!

「미국이 여러분에게 무엇을 베풀까 묻지말고 우리가 합심하여 인류의 자유를 위하여 무슨 일을 할 수 있을까」를 물어 주십시오.

여러분이 미국 국민의 한 사람이건, 전세계의 한 사람이건 여러분은 우리가 여러분께 요구하는 것과 똑같은 높은 수준의 힘과 희생을 우리들에게 요구하십시오.

우리의 유일한 확신의 보수인 양식과 우리 행동에 대한 최종심판은 역사에 맡기고 신의 축복과 가호가 있기를 빌면서, 지구상에서의 신의 섭리는 진실로 우리들 인간자신의 노력으로 이루어짐을 자인하고 우리들이 자랑하는 이 땅을 이끌고 앞으로 전진합시다.

4) 자기와 분위기에 맞는 연설유형을 개발한다.

선거연설은 연설자에 따라서 여러 가지 유형이 있으나, 남의 연설을 흉내만 내지 말고, 첫째 자기에게 맞는 유형을 개발하고, 둘째 연설장소와 분위기에 따라 수시로 조정할 수 있도록 몇 가지 유형을 개발하여 몸에 익혀야 한다.

① 웅변형

내용의 전달보다 가락과 기교에 치우치기 때문에 들을 때는 좋으나 듣고 난 후 머리에 남는 것이 없다.

② 미문형(美文型)

연사가 알고 있는 한의 미사여구를 총동원해서 표현하는 연설로 듣기에는 좋으나 알맹이가 없다.

③ 독선형

연사 혼자서 떠드는 연설이다. 내용이 딱딱하고 어렵기 때문에 연사와 청중이 호흡이 맞지 않아 연사의 말에 청중은 외면한다.

④ 피고형

연설의 경험이 많지 않기 때문에 자기가 말하고자 하는 것에 대하여 자신이 없는 유형을 말한다.

⑤ 발악형

대단히 야단스러운 연설이다. 목소리도 최대한 높여서 부르짖고 온갖 제스처를 다 써가면서 떠들어대는 연설이다.

⑥ 횡설수설형

목적도 주장도 없이 하는 연설이다. 말은 입 밖으로 유창하게 나오나 논리도 없고 조리도 없어 무슨 말을 하는지 알기 힘든 연설이다.

⑦ 설교형

연사가 청중을 얕잡아 보고하는 연설이다. 연사의 사상과 주의주장을 자연스럽게 청중에게 이해시키지 않고 강압적인 방법으로 주입시키려는 연설이다.

⑧ 호소형

설교형의 반대되는 연설로 아첨하는 연설이다. 오직 동정심에 호소하여 자기의 욕구에 응하여 주도록 호소만 하는 연설이다.

⑨ 낭독형

연설원고를 보며 청중 앞에서 그대로 읽는 연설이다. 청중을 고려하지 않고 읽는 것이므로 진정한 의미의 연설이라고 할 수 없다.

⑩ 회화형

보통이야기 하듯이 극히 자연스럽게 말하는 연설이다. 최근에 이르러서는 이같은 형의 연설이 중요시되고 있다.

말에도 요령이 있듯이 연설에도 요령이 있다. 다음 실제 예문과 같이 연설의 10단계에 따라 목청·제스처 ·분위기의 연출 등을 몸에 익히도록 연습하면 연설에 자신이 생길 것이다.

실제예문을 입과 몸에 익히고 나면 자기도 모르게 연설을 잘하는 사람이 되고 새로운 용어 등이 분위기에 맞게 튀어나올 것이다.

정치연설은 불특정 대중을 상대하여 하는 연설이다. 그러므로 우선 뒷골목 대포집에 친구들을 모아놓고 얼큰한 분위기에서 당장 시행해 보라.

일세를 풍미한 대웅변가들도 고고성(孤孤聲)부터 시작한 점에서는 정치 초년생과 차이가 없다는 점을 명심할 일이다.

① 시작하는 방법

「한여름에는 시원한 모시옷이 좋고 추운겨울에는 털옷이 좋은 것」처럼 국민의 대표인 ○○의원도 시대와 국가의 형편에 따라 골라야 하는 것입니다.

따라서 어느 시대 어느 나라를 막론하고 가장 모범적인 선거를 하려면 그 시대에 가장 알맞는 일꾼이 어떤 사람인가를 먼저 생각하고 그에 알맞는 사람을 골라야 하는 것입니다.

② 이해와 호소

「저는 가난한 서민의 아들로 태어나 어렵게 공부하고 서럽게 자랐습니다.」 제가 공부를 하고 사회의 한 사람이 되기까지는 고난과 역경과 괴로움의 연속이었습니다.

아침도 굶고 점심도 굶었던 일이 한 두번이 아니요, 가난한 서민의 아들로 태어난 제가 끌어주는 사람도 없고 밀어주는 사람도 없는 가시밭길과 같은 세상에서 오늘에 이르기까지는 남모르게 눈물을 수천번이나 흘렸고 혀를 깨물고, 이를 깨물었던 일이 한 두번이 아니었습니다.

그러기에 저는 항상 마음속에 장차 성공을 하면은 나와 같이 설움을 느끼고 한숨짓고 있는 서민을 위해서 저의 생명을 다바쳐 봉사하겠다는 것이 저의 한맺힌 소원이었습니다.

이 사람의 간절한 소망이 이루어질 수 있도록 여러분의 아낌없는 사랑의 손길! 여러분의 지지와 성원이 있으시기를 바랍니다.

③ 출마의 변

「유권자 여러분! 여러분이 잘아시다시피 우리의 주변에는 어두운 곳이 많이 있습니다.」

서민생활도 어둡고 농사일도 어둡고 자녀교육도 어둡고, 우리의 마음도 어둡습니다.

저는 빛이 들어 가지 않는 어두운 곳을 찾아서 이 한 목숨 다바쳐 개선하고 살기 좋은 내고장을 만들겠다는 불굴의 신념으로 입후보하였습니다.

④ 국민의 소리

「정치인은 진정한 국민의 소리를 듣고 국민의 뜻에 따라 일해야 하는 것입니다.」

결코 국민의 괴로운 소리, 고통의 소리, 사랑을 호소하는 애닯은 소리를 외면해서는 안됩니다.

공장의 시계소리가 듣기 싫으면 애당초 취직을 말아야 하고, 간난애기의 울음소리가 듣기 싫으면 애당초 애기를 낳지 말아야 하듯이,

국민의 올바른 소리, 애닮은 소리가 듣기 싫으면 애당초 정치를 말아야 하는 것입니다.

⑤ 믿음과 신뢰

「저는 지금까지 살아오면서 비굴한 짓을 하지않았습니다. 권모술수를 모르고 정직하게 살아왔습니다.」

목숨이 떨어지는 한이 있더라도 할 말을 하며 살아왔습니다. 양심적으로 일하며 약속을 생명처럼 여기고 믿음과 성실로서 살아왔습니다.

그러므로 제가 만약 여러분의 적극적인 지지와 성원으로 ○○의원에 당선된다면 여러분을 배신하지 않고 외면하지 않으며 겸허한 자세로서 여러분의 참다운 소리를 들으며,

진정한 여러분의 일꾼으로 우리 고장의 발전과 여러분의 권익을 위해 이 한 몸 다바쳐 일하겠습니다.

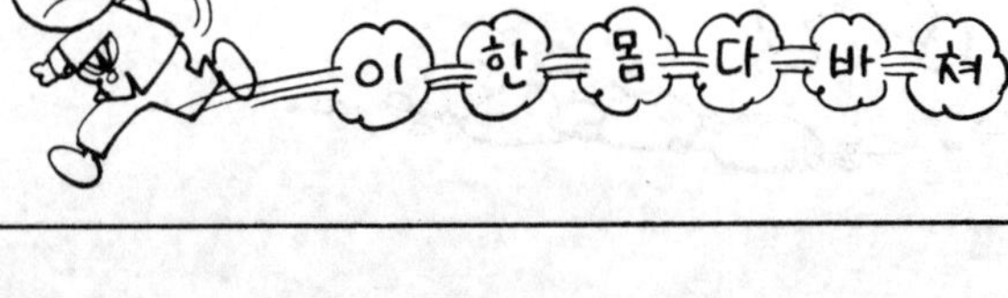

결단코 나 개인의 명예나 이익을 위해서는 설사 돌 무더기에 묻혀 죽는 일이 있더라도 하지 않을 것을 유권자 여러분에게 엄숙히 맹서하는 바입니다.

⑥ 겸손과 사죄
「명색이 여러분의 심부름꾼으로서 여러분의 뜻을 올바로 대변하겠다고 ○○의원에 입후보한 사람이라면 의당 마을 어른들의 댁을 일일이 찾아뵙고 인사드리는 것이 마땅한 도리이겠으나, 워낙 선거법이 제약이 많고 선거운동 기간마저 짧아서 그러한 예의를 일일이 갖추지 못했던 점을 이 자리를 빌어 송구스러운 마음으로 사과드립니다.」

⑦ 희생과 봉사
「여러분! 언젠가 서울시내 한복판에 자리잡은 어느 목욕탕에서 불이 난 적이 있습니다.」

목욕을 하던 사람들은 남녀노소 할 것 없이 발가벗은 채로 밖으로 나오기에 정신이 없었는데 유독 한 사람만은 불길속에 쌓인 목욕탕 속으로 뛰어들어 가는 것이었습니다.

그 사람은 다름아닌 목욕탕 주인으로서 자기의 귀중한 재산과 사나운 불길속에서 헤메이는 사랑하는 처자식을 구출하겠다는 희생정신으로 자기의 생명을 아까워 하지 않고 목숨을 걸고 뛰어 들었던 것입니다.

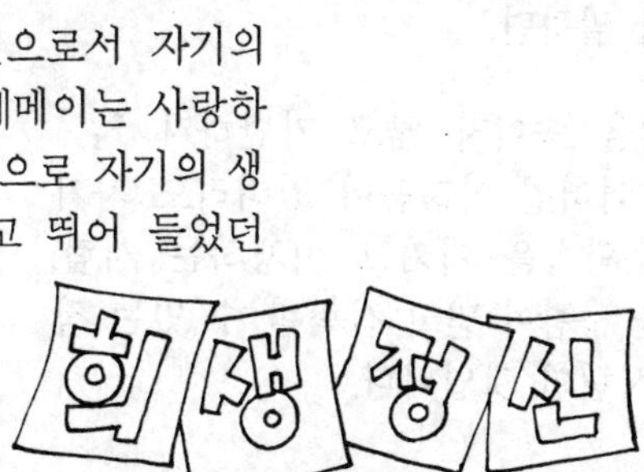

저는 이 같은 희생정신으로 우리의 고장을 위해서 여러분의 권익을 위해서 이 한몸 다바쳐 봉사할 것을 엄숙히 약속드립니다.

⑧ 비교와 대조

「과일 중에는 영양가가 많이 들어 있는 과일이 있고, 먹어서는 안될 독이 있는 것도 있드시, 사람들 중에도 국가와 국민에게 많은 영양소와 이익을 갖다 주는 유익한 사람도 있고, 국가와 국민에게 해독을 끼치는 독소적인 사람도 있습니다.」

⑨ 진솔한 사람

「서양의 어떤 시인이 말하기를 이 세상에서 가장 얻기 어려운 것은 금은보화가 아니라 믿고 신뢰할 수 있는 정직한 사람이라고 했습니다.」

다시 말하면,

주민을 속이지 않고 기만하지 않는 사람, 어떠한 어려움이 있더라도 자기가 한 약속을 지키고 이행하는 사람, 이러한 사람이 믿고 신뢰할 수 있는 정직한 사람인 것입니다.

이러한 사람을 이 고장의 일꾼으로 선출해야 하겠습니다.

예전에 서양의 어느 임금께서 금지된 산에서 사냥을 하다가 붙잡히면 지위고하를 막론하고 두 눈을 빼겠다고 엄명을 내렸읍니다.

그런데 임금님의 엄명을 어기고 금지된 산에서 사냥을 하다가 붙잡혀 온 사람이 있었으니,

그는 다름아닌 임금님의 하나밖에 없는, 장차 대를 이어 임금이될 왕자였읍니다.

임금님은 신하에게 형틀을 갖추게 한 후 말하기를,

「왕자는 비록 내 뒤를 이어 임금이 될 사람이나 내가 백성에게 약속한 엄명만은 어길 수가 없다.

다만 앞으로 임금이 될 왕자의 두 눈을 빼어 장님 임금이 되면 그를 모신 백성들이 불쌍하기 때문에 왕자의 왼쪽 눈과 그 대신 나의 오른쪽 눈을 빼겠다」고 하며, 왕자의 왼쪽 눈과 임금 스스로의 오른쪽 눈을 빼어버렸습니다.

이 광경을 눈으로 직접 목격한 신하들은 물론이요.

이 말을 전해들은 모든 백성들은 진실로 임금님을 믿고 신뢰할 수 있었다고 합니다.

이 이야기와 같이 적어도 국민을 위해 일하겠다고 하는 사람은 진실로 국민이 믿고 신뢰할 수 있는 말을 해야 하는 것입니다.

정직하게 행동하고 진실하게 봉사해야 하는 것입니다.

주민이 원하는 정치!
바른 정치란 다름아닌
약속이요, 믿음이요,
정직이기 때문입니다.

⑩ 끝마치는 법

「여러분! 이 아름다운 내 고장 ◯◯은 우리 모두의 것이요, 우리 조상들의 뼈가 묻힌 우리의 보금자리요, 우리 자손들이 이 땅에서 영원히 번영하면서 살아갈 우리의 안식처입니다.」

이 같이 중요한 우리의 고향이기에 우리는 이 고장을 위해 ◯◯의 발전을 위하여 부끄러움이 없는 주민이 되어야 하겠습니다.

돌아오는 투표일 여러분의 올바른 주권행사가 있으시기를 부탁 드립니다.

기호 ◯번 ◯◯◯입니다.

Ⅶ. 필승 선거전술

1. 방문활동의 실천적 비결

호별방문이 지방선거법에는 위법으로 되어 있으나 공개된 장소의 방문이 허용되므로 방문활동을 않고서는 당선을 바라지 못하는 것이 현실이다. 그리고 하기에 따라서는 위법이 되지 않는「호별방문」도 있다.

방문활동은 선거활동의 기본을 이루고 있는 것이고 그것에 의해서 비로소 한표 한표 표읽기가 가능해진다. 그러므로 선거전술상 빼놓을 수 없는 것이다.

우선 방문활동은 한 장소 대상으로 최소 두 차례는 가도록 해야 한다.

방문간 곳에서도 「사실은 후보자 ○○○가 와야 하는 것입니다만 …」하고 미리 말을 꺼내야 한다. 복장은 와이셔츠에 넥타이를 메고 말쑥한 옷차림으로 호감이 가도록 해야 한다.

지참하는 것은 후보자의 프로필과 정책의 특징을 간략하게 모은 팜플렛(당원용)이 필수품이다. 곁들여서 선거법에 저촉되지 않도록 정당 기관지의 정기구독신청서나 공제조합가입원서 따위를 갖고 가는 것을 잊어서는 안된다.

그러한 것은 선거법에 저촉되지 않기 때문이다. 특히 공고된 뒤에 방문한 때는 위험성이 다분이 있기 때문에 특히 유의하여야 한다.

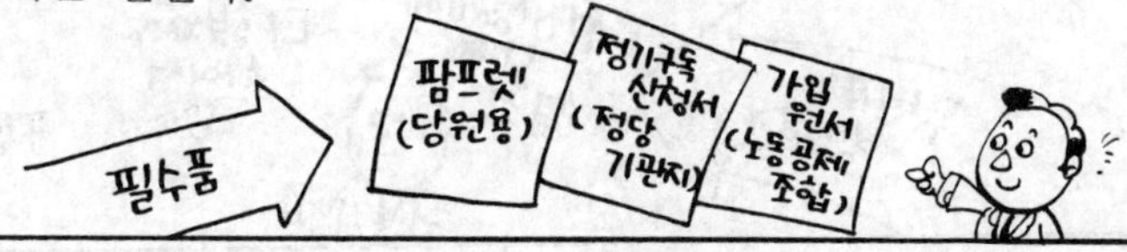

방문활동은 반드시 2인 1조의 짝이 되어 가는 것이 좋다. 두 사람이 짝이 되면 서로 격려할 수 있고 마음도 든든해진다.

베테랑과 초심자, 남성과 여성, 중·장년과 젊은이 하는 식으로 참 짝을 짓도록 해서 협력하여 방문활동을 하도록 하는 것이다.

한 장소에 대해서 3분이나 5분 정도 하루 30군데를 목표로 방문활동의 스케줄을 짠다. 어디까지나 방문한 곳에서의 성과를 중요시하는 것이 옳을 것이다.

방문하면 우선 머리를 깊이 숙이고 허리를 낮추고 절을 한다.

첫번째 방문 때는 추천받고 있는 단체를 강조하고 후보자를 소개한다. 가져온 팜플렛도 놓아두고 온다.

두번째 방문 때는 선거정세에 대해 설명하면서 다른 후보와 차이점도 강조한다. 표 부탁을 단단히 하고 될 수 있다면 꼭 동의를 받도록 한다.

말하는 내용은 미리 메모해서 반복연습을 하면 잘 설명할 수 있게 된다.

후보자의 고정표를 쌓아가는데는 명단을 기초로 하여 한 사람 한 사람의 유권자에게 접촉하는 것이 더 확실한 것이 된다.

명단작성은 크게 2단계로 나누어진다. 먼저 원부를 지구별로 작성하고 다음에는 원부(原簿)에서 지지자 카드를 작성한다.

우선 이들 명단에서 지구별 원부를 작성한다. 원부에는 주소, 성명, 생년월일, 소개자, 가족상황은 물론 직업, 직책, 관계단체, 취미 등을 가족 한 사람에 이르기까지 되도록 자세하게 기록한다.

직업·직책에 대해서는 구체적으로 기입하는 것이 중요하다. 그런 정보가 뜻하지 않는데서 도움이 되기 때문이다.

같은 일을 하는 것을 명단에서 알게 되면 지지자끼리 면식을 갖고 서로 협력해서 응원해주는 일도 있기 때문이다.

또 가족의 생년월일을 기입토록 하면 생일이나 입학·졸업할 때 축전을 보낼 수 있어 지지자를 끌어들이는 방법으로 활용된다. 원부가 지구별로 작성되면 그것을 기초로 해서 지지자 카드를 만든다. 지지자 카드에는 방문활동을 하는 운동원에게 주어 도움이 되는 정보를 적어넣도록 한다.

그 사람에게서 새로 소개받은 사람의 주소, 전화번호와 방문활동의 결과를 적는 표도 작성해두면 좋다. 명단은 이처럼 원부와 지지자 카드를 한 세트로 해서 작성해 둔다.

단, 이러한 명단은 항상 살아있는 명단으로 갖추어 두어야 한다.

연하장이라든가 계절에 따른 문안편지, 또는 회합에서 얻어들은 새로운 정보나 변경사항은 항상 써 넣거나 바꿔쓰거나 하므로 비로소 유용한 정보가 된다.

지지자 카드에 방문활동의 결과를 기록하는 표를 4개의 등급으로 분류해서 기록한다. 4등급은 ◎○△× 쯤으로 나누면 된다.

◎○인 사람만으로 당선라인을 넘어섰다면 유리하게 선거를 이끌어갈 수 있다. 이와 반대로 △인 사람이 많으면 꽤 어려운 선거정세라고 말하지 않을 수 없는 것이다.

어찌 됐든 방문활동에서는 △인 사람의 설득에 주력해서 한 표라도 많은 표를 획득해 나갈 필요가 있다.

3. 전화 작전의 ABC

전화를 이용한 표 부탁은 크게 두 가지의 경우가 있다. 그 하나는 유권자에게 무작위로 무차별 전화, 또 하나는 추천단체가 지원단체의 구성 멤버에게 거는 경우이다.

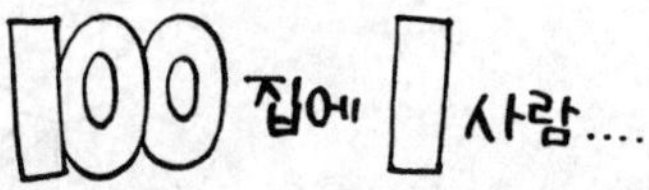

또 지명도(知名度)도 현직 의원보다 낮은 것은 부인할 수 없기 때문에 무차별 전화로 이름과 정책을 알리는 것도 방법의 하나이다.

무차별 전화는 후보자의 가족이나 친척이 거는 편이 낫다. 운동원이 걸 때도 편의상 가족이나 친척의 이름을 대는 것도 때에 따라서는 필요하다. 전화를 받은 상대방의 인상이 친척편이 강하기 때문이다.

되도록 도움을 청하듯 정중하게 이야기하는 것이다. 한편 추천단체가 지원단체의 구성멤버에게 거는 경우는 그 나름의 효과를 기대할 수 있다.

지원단체가 후보자를 밀고 있다는 것을 강조하면서 표를 부탁한다. 지지의 확인과 기권방지를 어느 정도 막고 표를 확실한 것으로 한다.

전화로 표 부탁하기란 간단한 것이 아니다. 상대방의 표정이나 얼굴·전화를 받는 상황을 알 수 없기 때문에 어렵다고 할 수 있다.

바쁜 일로 외출하려던 때에 전화가 걸려오거나, 부엌일로 바쁠 때 전화로 말을 걸어오거나, 비가 갑자기 쏟아져서 서둘러 빨래거리를 치우지 않으면 안될 때 불러대면 누구나가 어찌할 바를 모른다. 그런 경우에 표 부탁을 하게 되면 나쁜 인상만 갖게 할 뿐이다.

더 안좋은 경우에는「그런 몰상식한 후보에게는 절대 표를 찍지 않을거야」라고 마음을 굳혀버리게 해서 일부러 표를 줄이려고 전화를 거는 거와 마찬가지가 된다.

동원된 운동원에게 전화거는 방법을 엄밀하게 지시하도록 해야 할 것이다.

우선 운동원을 방문활동 때와 마찬가지로 2인 1조로 짝을 짓도록 한다. 전화로 말을 하는 일은 생각보다 피로한 것이므로 둘이서 교대해 가며 하도록 한다.

가령 출근시간인 이른 아침이나, 쉬는 시간인 밤 9시 이후, 점심 준비나 설거지에 바쁜 오전 11시부터 오후 1시 반쯤까지 그리고 비가 쏟아지기 시작할 때는 전화를 걸지 않도록 한다.

전화대화는 상대방의 반응을 끌어내서 확인하듯 천천히 말하도록 한다.

전화를 끊을 때도 상대방이 끊은 것을 확인한 뒤에 내려 놓는 것이 기본적 예의이다.

전화작전이 가장 효과 있는 때는 선거운동의 막바지의 시기다. 표를 줄 것이 틀림 없을 거라고 생각되는 사람에게도 전화해서 기권의 방지와 투표의 확대를 부탁해야 할 것이다.

선거운동은 단기결전이기 때문에 계획을 세운이상의 일은 하지 못한다. 후보자와 대책본부 임원은 선거 운동기간중에 해야 할 일을 모두 적고 그것들을 완전이 마무리 지을 수 있는 일정표를 만들어야 한다.

어정쩡한 계획이나 거친 스케줄로는 그때 그때 닥치는대로 하는 운동밖에는 할 수가 없다.

우선 첫번째로 선거사무소 벽에 내붙이고 운동원이나 지지자를 비롯해서 누구나가 쉽게 알아볼 수 있는 일정표를 만든다.

이미 발표한 강연회·좌담회의 일시와 장소, 선전차의 대체적인 운행계획, 후보자의 행동개요 등을 기입한다. 그러나 방문활동의 스케줄 등 중요한 것은 기입하지 않는 것이 좋다.

후보자의 모든 행동과 선전차의 자잘한 운행계획, 최종일의 행동계획을 이 일정표와는 따로 만들어 둘 필요가 있다.

후보자의 행동계획은 역전 같은 곳에서의 아침서기, 저녁서기, 연설회, 시장 보는 시간에 맞춘 방문활동, 지원단체에의 인사, 지방유력자에 대한 인사 등을 들 수 있다.

이러한 후보자의 행동을 집표효과가 높은 것부터 우선순위를 매기고,

서로의 관련을 잘 유지하고 무리가 없이 스므스하게 움직일 수 있는 계획을 세운다.

사령부에서 의견이 갈라지고 그것이 그대로 지원자에게 전달된다면 혼란을 일으킬 뿐이다.

행동계획 가운데 후보자 자신이 가는 편이 좋다고 생각될 때는 언제든지 가도록 한다.

또 같은 행동이라도 효과가 높았다면 몇 번이고 다시 하게 한다. 면밀한 계획과 임기응변에 대응하는 것을 겸비하는 것이 중요하다.

그런데 후보자는 선거기간중에 「이번이 끝장」이라고 하는 안간힘을 써서 분투할 필요가 있다.

후보자가 치밀한 계획을 세우고 그것을 처절할 만큼 실행한다면 지원자나 운동원도 거기 끌려들어서 분투하게 마련이다.

최종일 행동의 요점은 지역에서의 가두행진에 있다. 오후부터 저녁까지 지역내를 빈틈없이 도는 것이다.

공개방문에서 최종일의 무드를 부추기는 일에 성공한다면 투표에는 크게 기대할 수 있다.

최종일의 오전중에는 조금만 더 밀면 된다는 곳을 후보자 자신이 찾아가서 지지를 호소해야 할 것이다.

또 다른 후보가 무너뜨리려고 하는데 대한 대책도 충분히 생각해두어야 한다. 무너뜨리기는 대개 최종일에 집중되는 것이니까.

5. 선거사무소는 선거전의 얼굴

「선거사무소를 보면 후보자의 기세를 알 수 있다」고 한다.

사무원의 절도 있는 움직임이나 방문자에 대한 올바른 응대, 선거사무의 원활한 운영은 선거사무소의 활기를 높여줄 것이다.

지나쳐가는 사람이나 방문자는 선거사무소 안을 의외로 잘 보고 있다. 선거사무소는 선거전의 얼굴이고 후보자의 쇼윈도우이다.

선거사무소에 있는 대책본부 임원이나 사무원은 지나가는 유권자로부터 그 일거일동이 보여지고 있다는 것을 자각하고 옷깃을 여민 행동이 바람직하다.

대개의 선거사무소에서는 접수와 접객은 마침 그 자리에 있던 사람이 응대하는 임기응변식 대처를 하고 있으나 그래서는 똑바른 접대를 할 수 없다.

바쁠 때나 모두가 나가고 없을 때는 일부러 와준 방문자를 만족스럽게 응대하지 못한다. 그 때문에 기분을 상하게 하고 표를 그대로 놓치고 마는 일도 있다.

접수와 접객담당은 반드시 정해 두는 것이 중요하다. 선거사무소에 찾아와 주는 사람은 대개 지역관계자, 지원단체의 임원, 지나가던 지원자, 그리고 보도관계자일 것이다. 이런 사람들은 선거에 관심이 많고 그만큼 영향력이 세다는 것을 잊어서는 안된다.

먼저 방문자가 선거사무소에 찾아오면 접수담당은 곧 일어서서 절을 하고 예의를 다해서 맞아들인다. 자리를 권하고 차를 내온다. 내방자 명부에 이름을 적도록 부탁한다.

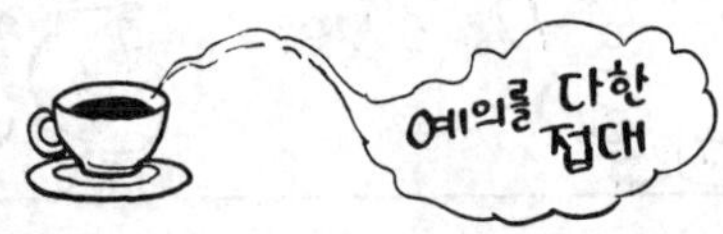

돌아갈 때도 꼭 문앞까지 배웅하고 접수와 함께 절을 하도록 한다. 다시 그 날 중에 방문한데 대한 감사의 인사장을 보낸다면 완벽할 것이다.

이 자체가 그렇게 어려운 일은 아니지만 혼잡스러운 사무소 안에서 하기란 여간 어려운 것이 아니다. 그러나 이런 원칙적인 응대를 하느냐 못 하느냐는 후보자나 선거사무소의 실력에 속하는 것이다.

원칙적인 응대를 누구나 할 수 있게 되면 방문자는 감탄하고 예의바른 사무소라는 좋은 인상을 갖게 된다.

접수나 접객담당 이외의 사람도 조심하지 않으면 안되는 일이 있다. 제아무리 접수나 접객담당이 버티고 있어도 그 밖의 사람들이 주책없이 굴고 있으면 사무소 분위기는 좋아질 수가 없다.

첫째, 사무소는 언제나 정리 정돈에 힘쓰고 청소를 말끔히 해야 한다.

둘째, 복장을 청결하게 하여 말끔한 느낌을 주도록 해야 한다.

셋째, 사무소 안에서는 사람이름을 마구 부르지말고 ○○○씨, ○○○군으로 서로 부르도록 한다. 사무소가 공적인 자리라는 것을 자각해야 한다.

넷째, 소근소근 이야기를 하지 말 것, 뭔가 수상찍게 보여 인상이 나빠진다.

다섯째, 크게 소리내어 웃어 되는 일이 없도록 할 것.

여섯째, 하는 일 없이 멍하니 앉아 있지 않도록 할 것.

선거기간이 중반을 지나고 선거열기도 높아지면 괴문서 같은 것이 튀어나온다. 접전에서 뼈를 깍는 선거가 되면 될수록 괴문서는 나오기가 쉽다.

일의 시비야 어떻든 선거에서 이기기만 하면 되는 것이다. 다른 후보에게 위협을 주고 스스로를 부상(浮上)시키면 당선될 수 있다.

더구나 선거기간이 짧아 괴문서를 내보내도 그 출처를 밝혀내기도 전에 선거결과가 나와버린다. 괴문서나 괴전화를 받은 후보로서는 손을 쓸 방도가 없다.

그 하나는 다른 후보가 또 다른 후보를 비방하고 중상하는 것과 같은 문서이다.

또 하나는 학력이나 경력의 사소한 과장이나 생략을 폭로, 후보자에 대한 불신감을 일게 하려는 것이다.

또 괴전화는 바쁜 아침나절이라든가 잠이 들어 있는 한밤중 같은 때에 다른 후보의 이름을 써서 표를 부탁하는 전화를 유권자에게 거는 따위다. 이에 대한 유일의 대항책은 미리부터 그런 것이 끼어들 틈을 주지 말아야 할 것이다.

비상식적인 일은 절대 하지 않을 사람이라는 신뢰감을 평소부터 지지자가 갖도록 하는 것이다.

제 3 장 선거후 지역활동 전략

지방의회의 역할을 크게 두 가지로 나누면, 그 하나는 정책결정이고, 또 하나는 행정에 대한 비판·감시이다.

주민으로부터 도로를 넓혀 달라거나, 가로 등을 설치해 달라거나, 체육관을 만들어 달라는 등의 갖가지 요망이 나온다.

그러한 돈이 드는 사업에 대해서는 예산의 뒷받침이 따르지 않으면 실제로 실현될 수 없다.

그래서 장(長)이 예산을 편성하게 되는데, 그 예산이 의회의 승인을 얻지 못하면 성립되지 않는다. 또, 각종 시책은 법률이나 조례에 따라서 진행되지만

조례 또한 의회의 의결을 얻지 못하면 성립되지 못한다. 이러한 기능을 정책결정기능이라고 한다.

또한 의회는 행정이 하는 일에 대해서 항상 감시하고 체크하는 중요한 기능을 수행한다.

이들 두 가지 역할을 지방의회가 똑바로 수행하기 위해서는 의원에게 정책을 형성하고 판단하는 능력이 요구된다.

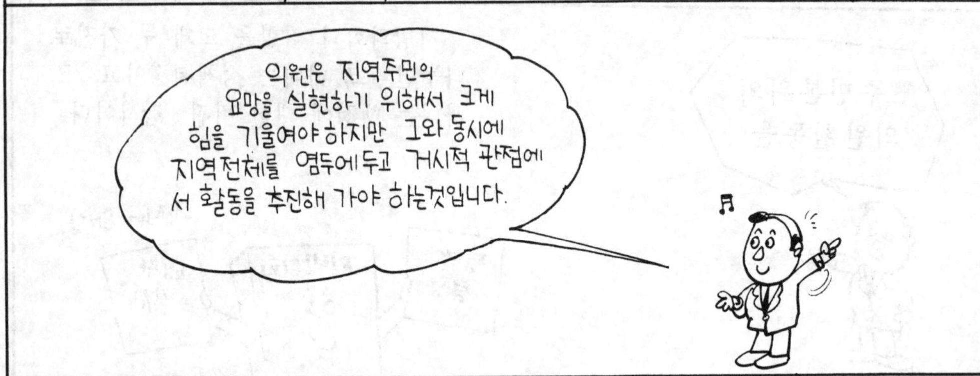

그 때문에 필요한 것은 의원 본인의 끊임없는 노력이다. 단순한 주민의 심부름꾼이나 해결사로는 의원생활을 계속할 수 없다.

인근의 비슷한 조건의 시나 군과 자기네 시를 비교하는 것이 효과가 있다. 자기네 시가 뒤져 있는 부분을 잘 알 수 있기 때문이다.

항상 시당국에 자료의 제공을 요구한다. 당국은 되도록 자기네에게 유리한 자료밖에 내놓지 않으려고 하지만, 필요한 자료는 꼭 제출하도록 해야 한다.

자치제는 주민의 세금을 쓰며 일하는 것이기 때문에 위원은 주민의 입장에서서 세금이 쓰이는 곳에 주의를 기울인다.

또, 자기가 잘아는 분야를 갖도록 할 일이다. 가령, 재정에 관한 공부를 해서 재정통이 된다거나 복지에 힘을 기울인다거나 하는 것이다.

조언자를 갖도록 힘쓸 필요가 있다. 다각적인 시야에서 사물을 보고 지식을 쌓아가기 위해서는 전문가나 지역연구회를 갖고 있는 사람 등 여러 분야의 사람들과 친해지는 것이다.

같은 뜻을 갖고 있는 의원 동지와, 의원단(議員團) 에서 같이 공부하는 것도 유익하다.

그리고, 주민이 무엇을 바라고 찾고 있는가를 항상 파악하고 지역속으로 파고 들어야 한다.

지방의회의원이 지역이 안고있는 과제를 정확하게 파악하지 못하고 추상적인 것만을 주장하고 있다가는 주민의 지지는 얻을 수 없게 될 것이다.

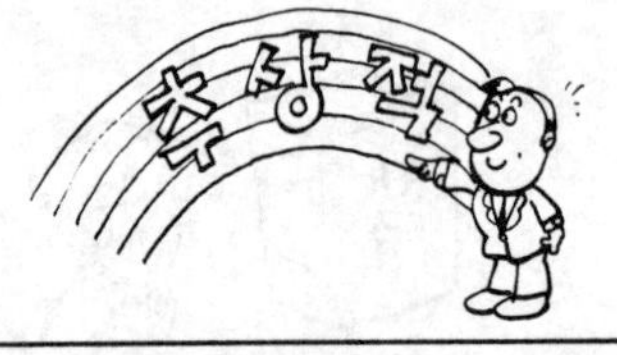

주민들은 자기들의 요망을 청원(請願)이란 형태로 의회에 제출할 수 있다. 그 때에 소개의원이 필요한데 자진해서 소개의원이 되어주는 것도 중요하다.

의회에서 채택한 청원 가운데 행정적으로 조치하는 것이 적절하다고 볼 수 있는 것은 집행기관에 송부하고 그 처리경과의 보고를 청구할 수가 있다.

의원은 본회의나 위원회 등에서 자기정책을 강하게 어필하고, 행정의 잘못을 날카롭게 지적하도록 힘써야 한다.

그러나 "이것이다" 라고 마음을 먹었으면 끝까지 철저하게 밀고나갈 기개를 갖는 것은 매우 중요하다.

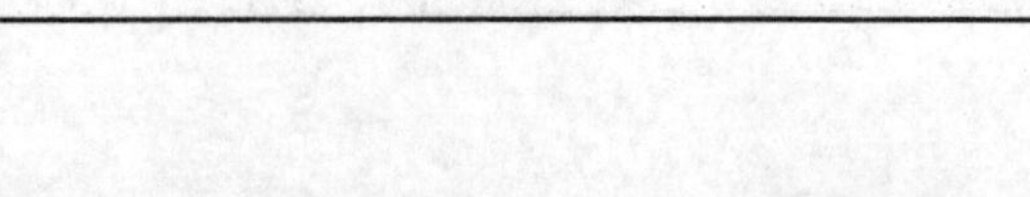

공부를 열심히 하고 문제의 핵심을 찌르고 정확히 파헤치는 의원에게는 공무원쪽에서 한발 피하게 된다.

의원이 되면 먼저 어딘가의 위원회에 속한다. 상임위원회는 현행법상 특별시·직할시·도의회에만 두게 되는데, 분야별로 나뉘어 의원은 그 중 어느 위원회에 속해서 심의를 하게 된다.

제안되는 의안이나 청원, 진정이 많고 본회의에서는 심의가 충분히 안되는 경우가 있기 때문에

위원회는 상임위원회 외에 특별위원회도 설치되는데(시·군·자치구의회에도 둔다) 이것은 시 특정문제를 심의하기 위해서 설치하는 것이다.

Ⅱ. 의회와 주민의 橋梁役割을 …

1. 주민에 대한 보고는 의원의 의무

고 하는 것이 유권자의 대부분의 느낌이 아닐까?

주민을 대표해서 의원에 선출되었으니 당연히 주민들에게 의회에서의 활동내용을 그때마다 보고할 의무가 있다.

선거 때는 끈질길만큼 자기 PR을 하지만 당선만 되면 모른 체하는 의원이 많기 때문에 주민들이 실망하기도 한다.

의원정수의 삭감문제 등이 제기되는 것도 「아무 것도 안하는 의원 = 세금의 낭비」라는 유권자들이 생각하기 때문이다.

의원활동의 보고는 의무이지만 동시에 선전도 된다. 자기가 얼마나 열심히 의원으로서 역할을 다하고 있는가, 지역을 위해서 일하고 있는가를 어필하는 절호의 기회인 것이다.

선거에서 신인후보가 대량득표하여 상위 당선되는 일이 자주 있다. 이것은 유권자가「저 사람이라면 뭔가 해 줄 것같다」고 생각하기 때문이다.

거꾸로 생각한다면「현직 의원은 아무것도 안 해준다」고 유권자가 평소에 불만을 느끼고 있었다는 증거이다.

자기 나름으로는 지역을 위해서 열심히 일을 하고 있어도, 그것이 유권자에게 전해지지 않으면 아무 소용이 없다.

자기의 의회의 활약상을 전하고, 지역을 위해서 자기가 얼마만큼 도움이 되는 존재인가를 어필해야 한다.

그렇게 하면「열심히 의원 활동을 하고 있다」,「저 의원은 지역을 위해서 애쓰고 있다」라는 평가를 받을 수 있다.

의회활동의 보고에는 후원회의 정례회나 시국강연회 등 지지자를 앞세우고 말하는 것과 인쇄물에 의한 보고가 있다. 주력이 되는 것은 후자이다.

전자는 연설회나 후원회의 회합에 출석한 사람이 아니면 듣지 못하지만 인쇄물이라면 많은 사람에게 자기 생각을 전할 수 가 있다.

「의회소식」이라는 자기자신의 P·R지를 내 보낼 필요가 있다.

「의회소식」은 형식에 구애받을 필요는 없다. 신문·만화·도서 등 여러 가지의 형태로 발간되지만, 가급적 자주 발행하고 여러 사람이 나누어 보도록 한다.

Ⅲ. 住民에 대한 봉사활동

1. 주민의 어려움을 알아낸다.

주민의 대표자이므로 주민 개개인과의 유대를 강하게 할 필요가 있다. 그 때문에 주민의 어려움이나 요망을 듣고 부지런히 움직일 필요가 있다.

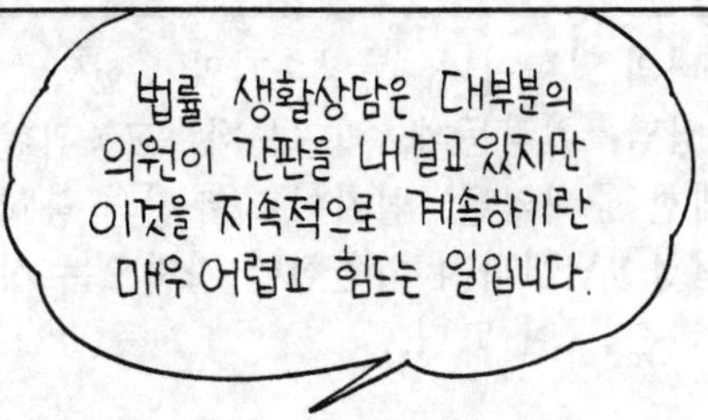

주의해야 할 것은, 첫째로 매월 한 번·몇일·어디서·정기상담을 개최한다고 정하면 어디까지나 도중에서 그 활동을 그만 두면 안되고 계속되어야 한다는 것이다.

둘째는, 상담을 받으면 되도록 노력을 아끼지 말아야 하며 할 수 있는 일과 하지 못할 일을 구별을 하여 잘 처리해 주어야 한다.

셋째는, 상담을 받으면 결말이 날 때까지 책임감을 가져야 할 것이다. 상담은 받았으나 도중에서 어떻게 되었는지 모른다면 두번 다시 상담하러 오지 않게 되어 버린다.

맡은 일은 모두가 상대방이 원하는대로 될 수는 없는 것이다. 다만 결과는 잘 안 되었더라도 그 과정을 똑바로 알리고 끝까지 책임을 지면 상담자는 고마워 하고 신뢰하게 된다.

자녀의 입학이나, 분양주택의 우선입주, 세금상담, 취직문제, 입원문제, 교통위반에 대한 중재역활, 심지어 고부간의 불화 등 신상상담에까지 의원한테 가져오는 상담꺼리는 끝이 없다.

그 가운데서 최근 두드러진 것이 고층건물 신축반대 등 건축에 관한 문제가 있다. 이런 문제에는 여야 관계없이 지방의원이 힘이 되는 것이다.

업자한테서 사례 등을 받지 않는 것은 상식이지만, 더 명심해야 하는 것은 돌봐준 주민들 한테서도 사례를 받아서는 안된다는 것이다.

개인 뿐만 아니라 지역주민들과 함께 움직일 때는 여러 가지 사상이나 단체 정당을 지지하는 사람도 섞여 있고, 특정의원에게 돈을 내는 것에 반발하는 사람도 있기 때문이다.

지역주민의 의사에 따라 함께 일어서서 관청이나 업자와의 교량역할을 하는 거라면 철저하게 어울리는 것이 중요할 것이다.

업자와의 교섭은 상대방을 너무 몰아 붙이지 않는 것이 요령이다. 의연하게 자기주장을 내세우지만 감정을 앞세워서는 안된다.

상대방을 해치우려는 태도가 아니고 되도록 서로의 접점을 찾아내는 것이 교섭을 맡은 의원에게 지워진 역할인 것이다.

관청에서도 접점이 있으면 업자를 타이를 수가 있다.

아무리 의원이 사이에 들었다고 해도 뒤에 가서 모른 체해버리거나 합의한 것과 다른 조치를 해버리는 수가 있고 업자와 의원이 비밀약속을 하고 있다고 소문이 날 수도 있기 때문이다.

그러니까 의원 자신과 주민을 위해서 결정된 내용은 반드시 문서로 해두는 것을 잊어서는 안된다.

개개인을 상대로 한 상담활동을 자기 일처럼 성실히 잘 해주면 지지자가 되어 줄 것이다.

그러나 지역적인 어려움을 처리했을 때 그 지역사람 모두가 지지자가 되어 준다고 장담할 수는 없다.

상담에 응해준 사람과는 자주 만나므로 친한 사이가 되는 것이다. 그런 사람은 선거 때에 한 표 찍어줄 뿐만 아니라 주위 사람도 끌어들이거나 후원자의 일원이 되어 준다.

주민으로부터의 요망을 실현하기 위해서는 공무원들과의 교류가 중요하다. 관청에 대한 요망은 다루는 문제의 종류나 크기에 따라서 수장(首長)에게 부탁할 것 또는 담당부서에 부탁할 일 등 여러 겨우가 있다.

이러한 일들을 맡고 있는 사람은 대개의 경우에 직접 사물을 처리하는 계장급이다.

예산을 조정하는 것은 과장급이 다루기 때문에 과장을 사귀어 놓는 일도 빼놓을 수가 없다.

주민으로부터의 요망을 과장 정도에 전해주면 끝나는 걸로 생각하면 안된다는 것을 머리에 담아두는 것이 좋다.

과장이 아무리 그럴듯하게 대답했다고 해도 그것을 실제로 추진하는 것은 그 과에서는 계장이다.

그러니까 계장급이 전혀 모르는 상태에서 과장이 그럴듯하게 대답을 해도 실제로 담당하고 있는 계장을 놔두고 일이 스므스하게 진행될 까닭이 없다.

그래서 우선 어느 부서의 누가 담당자인가를 찾아내야 할 것이다. 안된다.

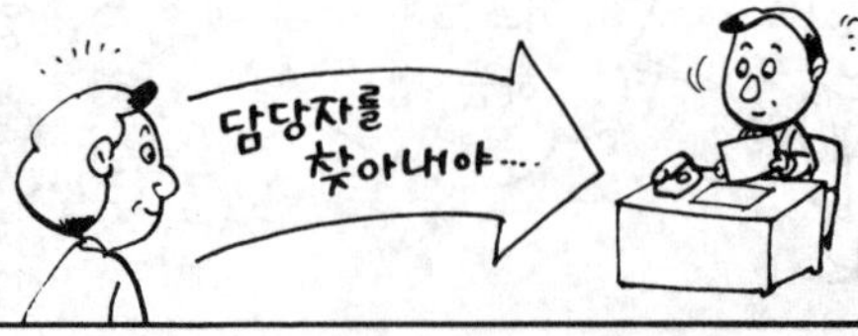

그러면 어느 계의 누가 담당하고 있는지 확실히 알아야 한다. 그래서 담당자 쪽에서 위로 가지고 올라오는 형식을 취하지 않으면 요즘 공무원은 기분 좋게 움직이지를 않는다. 만약 위에서 내리누르듯 일을 부탁하면 뒤에 말썽이 생기거나

가령 진전된다고 하더라도 질질 끌어버리거나 요구하는 대로는 안되는 것이 다반사이다.

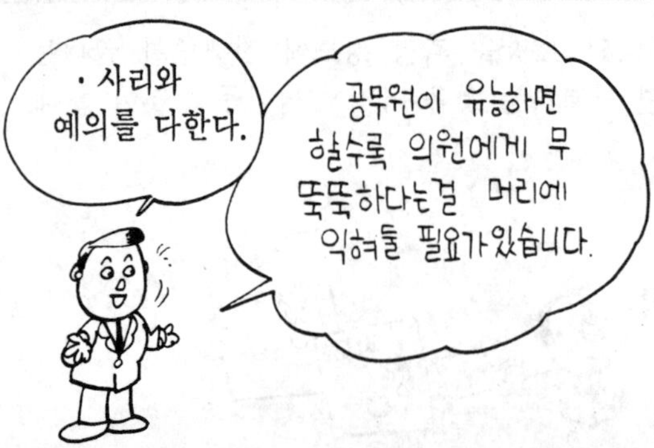

유능하고 프로의식이 있는 공무원일수록 옆에서 이러쿵저러쿵 하는 것을 싫어 하기 때문이다.

그런 공무원 에게는 요구형이 아니라 사리를 따져서 설득하면 이외로 수월하게 일이 잘 풀리는 수가 있다.

또 젊은층·중년층 공무원들 중에는 청내에서 여럿이 어울려 시정에 대해서 연구하고 있는 사람들도 있다.

그런 공무원을 불러서 지금 무엇이 과제이며, 직원이 무엇을 생각하고 있는지를 파악하는 것도 하나의 방법이다.

과장을 포함해서 직원들에게 부탁할 때 중요한 것은, 예의를 갖추는 일을 항상 잊어서는 안된다.

주민으로부터 상담이나 요망을 받고 자택에서 관공서에 전화를 걸었을 때도 나중에 관공서에 갔을 때는「아까는 실례했읍니다」하고 한 마디라도 좋으니까 꼭 말을 걸도록 한다.

또 상대방을 느닷없이 불러내지 말고, 자기가 상대방을 찾아가서 일을 부탁하는 것이 좋다.

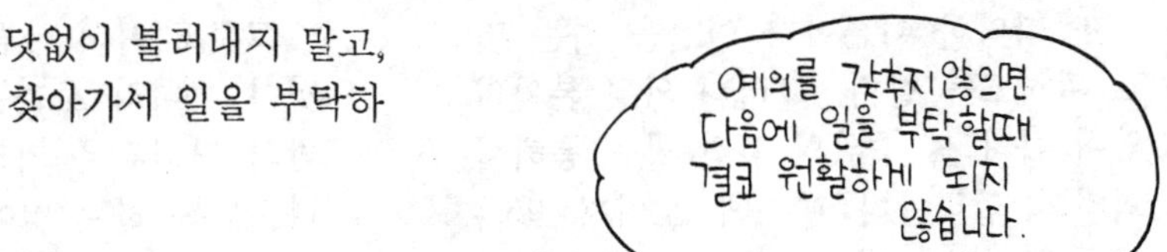

단체여행에서는 어디까지나, 초대자 입장에 서서 참가자에 대한 서비스에 힘쓰지 않으면 안된다.

스스로 노래를 부르거나, 술을 따르며 돌거나 부지런히 나돌아야 한다.

친목이 짙은 모임에서는 정치인 자신이 「그 다리는 내가 만들었다」, 「저 도로는 내가 끌어 왔다」하는 식으로 자기 자랑하는 일은 삼가야 한다.

또 딱딱한 이론이나 연설을 하는 것도 피하도록 한다. 그러나 의원 본인의 입이 아니라, 주위의 사람 입을 통해서 의원의 업적이나 평소에 보이지 않는 인품에 대한 에피소드를 이야기하게 하는 것이다.

그것도 여러 사람 앞에서 말하는 것이 아니라 오가는 버스속에서나 밤의 연회같은 자리에 자연스럽게 나오도록 하는 것이 좋다.

그런 식 이야기꺼리의 영향력은 매우 큰 것이다. 여행에서 돌아온 뒤 가족들이나 이웃사람 아는 사람들에게 라는 식으로, 떠도는 말처럼 퍼져간다. 그 영향력은 매우 큰것이다.

연회석에서 빼놓을 수 없는 것이 권하고 마시는 술이다. 어떻게 술을 잘 마시는가 하는 것은 매우 어려운 일이다.

술을 마시고 호언장담하거나, 설교 비슷한 말을 하거나, 우는 소리를 하거나, 귀찮은 소리를 하는 것은 좋지 않다.

너무 마시고 지나치게 취해서 도를 넘는 것도 문제지만, 전혀 술잔을 권하지 않는 것도 문제이다.

그렇다고 해서 술이 세다는 것을 자랑꺼리가 되게 해서도 곤란하다. 그래서, 술을 마시기보다는 따르는 편이 좋을 것이다.

의원이 술을 따라 주는데는 지지자도 기분이 안좋을 까닭이 없고, 친근감도 솟아날 것이다.

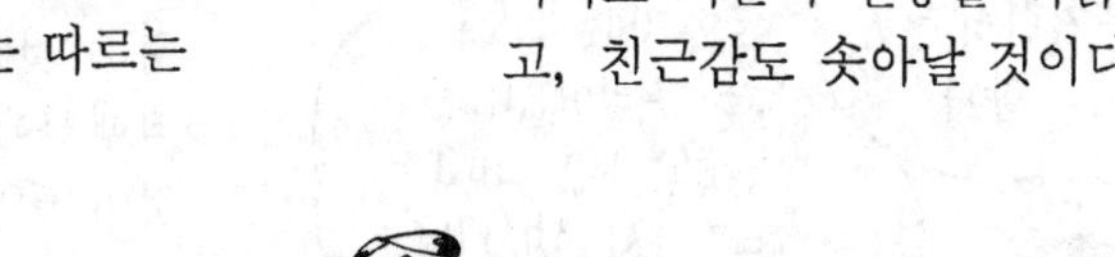

다른 의원의 지반이 있는 곳에서 장례위원장이 된 경우에는 상대 의원의 양해를 받아두지 않으면 나중에 귀찮은 일이 생길 수가 있다.

고인과는 이런저런 관계에서 외람되지만 맡아야 하겠다고 미리 말을 해둔다. 그렇지 않으면 그 고장 출신 의원을 무시했다는 등 나중까지 원망을 받을 것이다.

특히 장례식을 이웃간이나 지역사람들이 협력해서 거행하는 관례가 있는 지역에서는 이것은 매우 중요한 주의사항이다.

결혼식 또한 중요한 일이다. 때로는 부모 낯을 세우려고 의원이 불려오는 수가 있으나 반드시 참석해야 한다.

의원이라고 해서 여기저기 초대를 해오지만 이쪽에서 먼저 초대하는 것을 기다릴 것이 아니라 지역행사에는 얼굴을 내밀어 두는 것이 좋다.

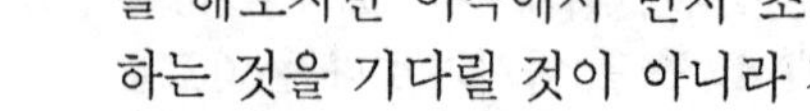

교육문제는 여러 사람의 최대 관심사이고, 더구나 내 자식의 일이라면 누구나 눈빛이 달라진다.

남자들은 직장일에 쫓겨 자기가 살고 있는 마을 일까지 관심을 가질 여유가 없다.

그 때문에 생활환경의 개선을 요구하는 데서는 여성들의 목소리가 날로 높아지고 있다.

취미를 통한 서클활동에도 힘을 쏟아야 한다. 정치색채가 짙은 집단에 사람이 모이기는 어려운 것이지만 취미를 매개체로 하면 저항은 적다.

자기 건강 증진을 위해서도 조기체조라든가 조기축구 서클에 들어 가는 것이 바람직하다.

글씨를 잘쓰는 사람은 그것을, 낚시를 좋아하는 사람은 낚시를, 자기 취미에 맞는 데에 들어가면 취미가 붙어 오래 가기도 한다.

이사와서 얼마되지 않을 때나 특정 의원과 강한 유대가 있는 사람이 이미 임원이 되어 있을 경우에는 좀처럼 임원으로 끼어들기 어렵다.

그러나 내 고장이 첫째라는 것을 호소해 가노라면 이해해 줄 가능성도 있으니까 단념하지 말 것이다.

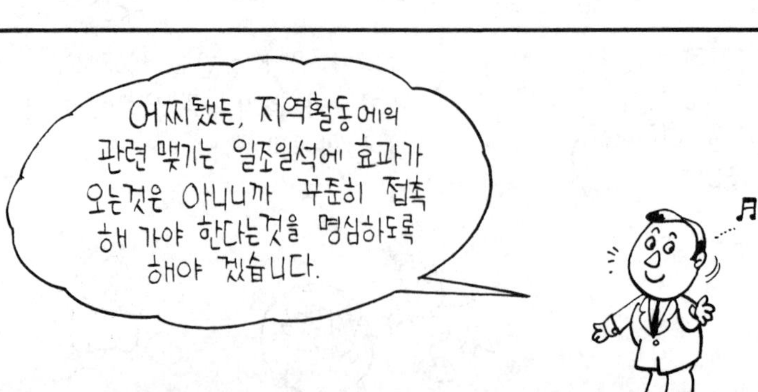

[저자약력]

김기옥

중앙대 법정대 및 동 대학원(행정학박사)
몽골 미트릭스대(명예법학박사)
카자흐스탄 알마티대(명예정치학박사)
제6회 행정고시 합격
전남 무안군수, 순천시장
지방행정연구원장(대)
중앙공무원교육원 교수
대통령 직속 행정쇄신위원회 위원
한국경제정책평가연구원 원장
서울 동작구청장(민선1기)
호남대 행정대학원장, 경영대학원장
중앙대 행정대학원 객원교수
(현) 승실대 겸임교수

[주요저서]
수험행정법, 지방자치행정론, 부동산세법 등 20여권

당신도 지방정치인이 될 수 있다

- 지방선거전략 -

2009년 6월 1일 최신판인쇄
2009년 6월 5일 최신판발행

저　　자 김 기 옥
그림구성 최 병 선
발 행 인 고 준 영
발 행 처 **법 영 사**

135-835 서울시 강남구 대치동 611
전화 (501)8898(대) Fax (501)8895
등록 1987. 5. 11. 제3-125호(윤)
Homepage : www.bubyoungsa.co.kr
E-mail : bypuco@chol.com

저자와의 협의하에 인지첩부를 생략함

※ 파본은 교환해 드립니다.　　정가 **5,000**원

ISBN 978-89-7032-258-2